Lenguajes de desarrollo. Java

Yolanda López Benítez

ic editorial

Lenguajes de desarrollo. Java
© Yolanda López Benítez

1ª Edición

© IC Editorial, 2025

Editado por: IC Editorial
c/ Cueva de Viera, 2, Local 3
Centro Negocios CADI
29200 Antequera (Málaga)
Teléfono: 952 70 60 04
Fax: 952 84 55 03
Correo electrónico: iceditorial@iceditorial.com
Internet: www.iceditorial.com

ISBN: 978-84-1184-992-0
Depósito Legal: MA 1180-2025

Impresión: PODiPrint
Impreso en Andalucía – España

Nota de la editorial: IC Editorial pertenece a Innovación y Cualificación S. L.

Índice

Unidad de aprendizaje 1
Lenguajes de desarrollo – Java.
Programación en Java bajo cobertura 5G

OBJETIVOS GENERALES

El objetivo general de **Lenguajes de desarrollo. Java,** es:

➲ Utilizar el lenguaje Java en el desarrollo de proyectos de inteligencia artificial con tecnología aplicables a entornos 5G.

Lenguajes de desarrollo – Java. Programación en Java bajo cobertura 5G

Contenido

Objetivos

El objetivo general de esta Unidad de Aprendizaje es:

→ Utilizar el lenguaje Java en el desarrollo de proyectos de inteligencia artificial con tecnología aplicables a entornos 5G.

Los objetivos específicos de esta Unidad de Aprendizaje son:

→ Aplicar de forma eficiente las herramientas de programación Java a fin de poder ser utilizadas para el desarrollo de aplicaciones con tecnologías asociadas.

→ Promover la conciencia acerca de la relevancia de adquirir habilidades sólidas en el lenguaje de programación Java para la ejecución exitosa de proyectos de inteligencia artificial aprovechando las capacidades del 5G.

→ Conocer elementos para implementar un proyecto práctico de realidad virtual haciendo uso de la conectividad 5G, demostrando la aplicación de forma efectiva de las tecnologías y herramientas asociadas en un entorno real.

1. Introducción

Si bien no es absolutamente necesario que cualquier persona que desee crear una aplicación deba conocer Java, existen varias razones por las cuales aprender este lenguaje de programación podría ser realmente beneficioso, especialmente, en ciertos contextos. La versatilidad, portabilidad, escalabilidad, entre otras características, son muchas de estas razones.

A lo largo del contenido se abordarán temas cruciales para comprender y dominar este lenguaje de programación, partiendo del marco de su trabajo de Java.

Para facilitar la adquisición de conocimientos sobre la temática tratada, nos basaremos en la experiencia de un equipo de trabajo formado por un grupo de amigos que están poniendo en marcha su propio proyecto de emprendimiento. Estos jóvenes están desarrollando una *app* con Java como lenguaje de programación.

2. Herramientas para trabajar con Java

 HILO CONDUCTOR

Marta, Carlos, Ana y Luis forman un equipo de trabajo sólido y estable. Son conscientes de que la tecnología avanza a pasos agigantados, por lo que no se desalientan y siguen esforzándose para seguir avanzando en su proceso de aprendizaje. Ya han puesto a prueba muchos de sus conocimientos a través del desarrollo de alguna que otra aplicación, sin embargo, ahora quieren hacer una gran apuesta y mejorar su idea con la ayuda de la realidad virtual. Están convencidos de que Java, como lenguaje de programación de alto nivel, será su mejor apuesta.

Java es un **lenguaje de programación de alto nivel orientado a objetos y multiplataformas** desarrollado por Sun Microsystems a principios de la década de los 90. Su diseño se centró en la portabilidad, eficiencia y seguridad, aspectos fundamentales que han contribuido a su adopción como lenguaje de programación en una variedad de campos. Estas aplicaciones abarcan desde el desarrollo de *software* de escritorio hasta sistemas embebidos y aplicaciones empresariales en servidores.

Su continua evolución y la gran solidez de su ecosistema hacen que JAVA, a pesar de la existencia de una amplia variedad de lenguajes, de programación, siga siendo una buena opción para muchos desarrolladores.

De forma metafórica hay que pensar en Java como un conjunto de herramientas que permiten construir todo tipo de cosas para diferentes lugares, desde simples juguetes hasta grandes edificios. Es decir, es como una caja de herramientas especial que se puede llevar a cualquier lugar y utilizar para construir cualquier cosa que se requiera. Además, el lenguaje de programación Java tiene instrucciones específicas que facilita hacer cosas de manera organizada y segura.

Dicho de otro modo, es como tener un montón de bloques de construcción que se pueden utilizar en diferentes lugares para crear algo nuevo cada vez. Y, lo más importante, cuando se usan estas herramientas de Java las creaciones son rápidas, seguras y confiables.

Es como tener una máquina bien engrasada que hace su trabajo sin problemas. Es por eso que mucha gente confía en Java para construir tantas cosas diferentes.

Como se ha dicho, se pueden utilizar las herramientas de Java para hacer programas que funcionen en muchos elementos y contextos diferentes como, por ejemplo, ordenadores, teléfonos, etc. Sin embargo, las personas inexpertas no llegan a imaginar que es posible incluso utilizar las herramientas de Java para programar sistemas grandes y poderosos que se utilizan a nivel científico.

Un ejemplo de ello son los superordenadores y los sistemas de alto rendimiento. Estos sistemas están diseñados para realizar cálculos extremadamente complejos que son demandados en campos tan interesantes como la investigación científica, la ingeniería, la meteorología, la medicina, entre muchos otros.

 **EJEMPLO**

En las investigaciones científicas se utilizan potentes ordenadores para simular fenómenos naturales complejos, como el clima, la formación de galaxias, el comportamiento molecular de los materiales o la predicción de desastres naturales. También se emplean en campos como la investigación biomédica para el descubrimiento de medicamentos, la genómica y el análisis de datos complejos.

Estos sistemas de alto rendimiento, conocidos con las siglas HPC, requieren una gran capacidad de procesamiento y memoria para ejecutar programas y modelos que realizan cálculos masivos y paralelos. Aunque los lenguajes de programación más comunes empleados para estos entornos son C, C++, Python o Fortran debido a su eficiencia y capacidad de optimización para tareas intensivas en cómputo, es posible utilizar herramientas de Java para llevar a cabo este propósito.

2.1. Composición de la plataforma Java

La plataforma Java se compone de un conjunto de programas y reglas especiales que hacen que la vida de los programadores sea mucho más fácil al proporcionarles todo lo que necesitan para crear y hacer funcionar programas Java de la forma más óptima.

Dentro de esta caja, se encuentran un montón de programas útiles:

- **Motor de ejecución.** Es el motor que hace que los programas Java se ejecuten.
- **Compilador.** Es el traductor que convierte el código que se escribe en instrucciones que el ordenador pueda entender.
- **Conjunto de bibliotecas.** Es un conjunto de libros de referencias llenos de soluciones ya hechas para problemas comunes.

 **APLICACIÓN PRÁCTICA**

Responde a las siguientes preguntas:

- **¿Qué componente de la plataforma Java se encarga de ejecutar programas Java?**
- **¿Cuál es el propósito del compilador en la plataforma Java?**
- **¿Qué función desempeñan las bibliotecas en la plataforma Java?**

Solución

El componente encargado de ejecutar programas Java recibe el motor de ejecución, que no es otra cosa que es un componente de *software* que interpreta y ejecuta el código de un programa. El compilador, por otra parte, es el elemento que convierte el código fuente Java a bytecode para poder ser ejecutable. Así como la funcionalidad de las bibliotecas, consiste en proporcionar conjuntos de utilidades y funciones para facilitar la creación y ejecución de programas Java.

2.2. Características de Java

Poco a poco, Java ha ido ganando popularidad a lo largo de los años gracias a su portabilidad, seguridad, orientación a objetos y a su capacidad para adaptarse a una gran variedad de aplicaciones:

- **Orientado a objetos.** Java sigue el paradigma de programación orientada a objetos. Esto significa que el código de programación se organiza en clases y objetos, facilitando la reutilización de código y la creación de sistemas más modulares y consistentes a lo largo del tiempo.
- **Portabilidad.** Uno de los mayores logros de Java es su capacidad para ejecutarse en múltiples plataformas sin necesidad de llevar a cabo

modificaciones. Esto se logra mediante el uso de la Máquina Virtual Java (JVM), que interpreta el código Java en *bytecode,* independientemente del *hardware* y del sistema operativo subyacente.

- **Seguridad.** Java incorpora medidas de seguridad a nivel de diseño. La ejecución de código en la JVM se realiza en un entorno controlado, ayudando así a prevenir problemas como la corrupción de memoria y accesos no autorizados.

- **Robustez y confiabilidad.** Java cuenta con un sistema de gestión automática de memoria *(Garbage Collection)* que ayuda a prevenir fugas de memoria. Además, tiene mecanismos para el manejo de excepciones, permitiendo mejorar la robustez del código.

- **Librerías estándar abundantes.** Java incluye una extensa librería estándar conocida como *Java Standard Edition – Java SE,* que proporciona clases y métodos predefinidos para tareas comunes. Gracias a ello, se consigue acelerar el desarrollo y reducir la cantidad de código que los programadores deben escribir.

 TAREA 1

Imagina que eres un desarrollador de *software* en una empresa de tecnología que ha decidido adoptar Java como lenguaje principal para sus proyectos. El equipo de desarrollo está en una fase de capacitación y debes realizar una actividad práctica con ellos para resaltar las características clave de Java que beneficiarán al equipo en sus futuros proyectos.

Dada la elección de Java como lenguaje principal para los proyectos de este equipo de trabajo, ¿cómo pueden las características fundamentales de Java contribuir al éxito y eficiencia de los desarrollos de proyectos?

2.3. Razones para considerar Java

Existen numerosas **razones por las cuales se considera a Java un lenguaje de programación muy popular** para el desarrollo de aplicaciones, son las siguientes:

Versatilidad
Java es utilizado en una amplia variedad de contextos, desde el desarrollo de aplicaciones móviles en Android, hasta aplicaciones empresariales y sistemas embebidos.

Comunidad y ecosistema
Java cuenta con una comunidad activa de desarrolladores y una amplia cantidad de recursos, tutoriales y documentación. También se nutre de numerosos *frameworks* y bibliotecas que facilitan el desarrollo en Java.

Plataforma Android
Java es el lenguaje de programación principal para el desarrollo de aplicaciones en la plataforma Android. Esto ha contribuido significativamente a su popularidad, ya que Android es el sistema operativo móvil más utilizado a nivel mundial.

Empresas y sistemas empresariales
Java es un lenguaje democratizado en entornos empresariales para desarrollar aplicaciones escalables y robustas. Muchas grandes empresas confían en Java para construir sus sistemas críticos.

 ACTIVIDAD COMPLEMENTARIA

1. Indaga en la web y proporciona al menos tres argumentos sólidos que respalden la elección de Java para el desarrollo de aplicaciones móviles. Puedes considerar aspectos como rendimiento, comunidad de desarrolladores, bibliotecas y *frameworks,* entre cualquier otro.

2.4. Funciones de Java

Es bien conocido por todos que Java es uno de los lenguajes de programación más sencillo de aprender, principalmente por su fácil uso a la hora de llevar a cabo la programación. Esto significa que Java es uno de los lenguajes más amigables para personas que se inician en tareas de programación.

A continuación, te mostramos cuáles son las cualidades de Java más relevantes que debes conocer:

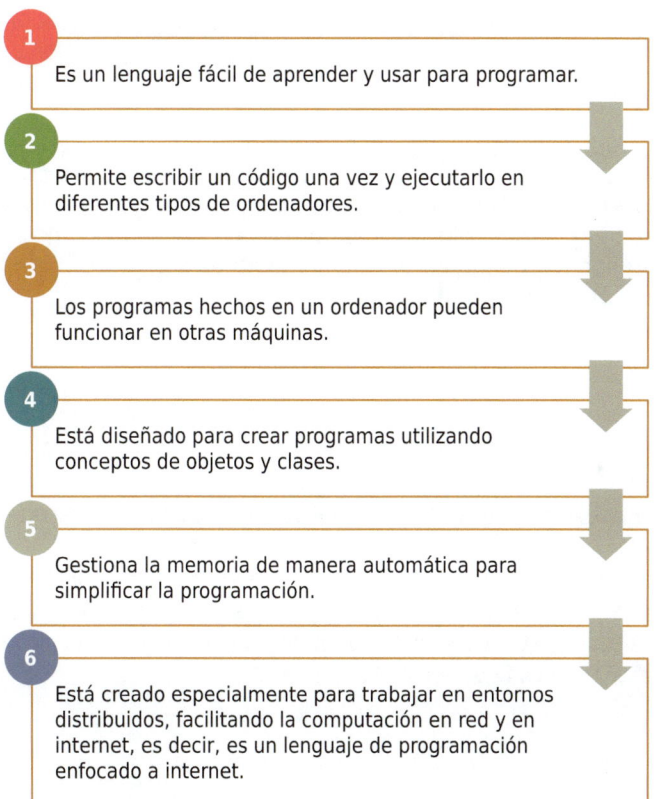

1 Es un lenguaje fácil de aprender y usar para programar.

2 Permite escribir un código una vez y ejecutarlo en diferentes tipos de ordenadores.

3 Los programas hechos en un ordenador pueden funcionar en otras máquinas.

4 Está diseñado para crear programas utilizando conceptos de objetos y clases.

5 Gestiona la memoria de manera automática para simplificar la programación.

6 Está creado especialmente para trabajar en entornos distribuidos, facilitando la computación en red y en internet, es decir, es un lenguaje de programación enfocado a internet.

2.5. Componentes Java

En el proceso de programación en Java existen dos componentes clave: el **código fuente** y el **código ejecutable** (código de máquina).

Código fuente
La persona encargada de la programación escribe el código fuente en Java, un lenguaje que puede entender fácilmente. Este código es legible por humanos y se escribe utilizando palabras y estructuras de programación que tienen sentido para los programadores.

Código ejecutable
Sin embargo, las computadoras y los chips de CPU no pueden entender directamente este código fuente. En su lugar, solo entienden el código de máquina, que es un conjunto de instrucciones binarias específicas para la CPU en la que se ejecutarán. Cada CPU tiene su propio único conjunto de instrucciones de máquina.

Para que el código fuente escrito por el programador sea ejecutable por la máquina, se necesita un paso intermedio: **la compilación.** El compilador de Java toma el código fuente escrito por el programador y lo convierte en un código intermedio llamado *bytecode*. Este *bytecode* no es un código de máquina directamente ejecutable, pero es comprensible por la **máquina virtual de Java (JVM).**

IMPORTANTE

Cuando se ejecuta un programa Java, la JVM toma este *bytecode* y lo interpreta, traduciéndolo al código de máquina específico de la CPU en la que se está ejecutando. Esta capacidad de la JVM para interpretar el *bytecode* y convertirlo en instrucciones ejecutables es lo que permite que los programas escritos en Java sean portables y se ejecuten en diferentes sistemas sin la necesidad de reescribir el código para cada tipo de CPU.

2.6. JDK (Kit de desarrollo Java)

Llegado a este punto, es posible que aún no se tenga claro por qué se ha de emplear un kit de desarrollo Java. A continuación, se listan los principales motivos y se proporcionan algunos ejemplos simples:

1. **Contiene todo lo que se necesita.** El JDK incluye todas las herramientas que se requieren para escribir programas en Java y para ejecutarlos. Basta recordar que es como tener una caja de herramientas con todo

lo necesario para construir el objetivo. Por ejemplo, imagina que estás construyendo una casa y en tu caja de herramientas tienes martillos, clavos, sierras y todo lo esencial para llevar a cabo esta actividad.

2. **Viene con muchas herramientas útiles.** Dentro del JDK hay herramientas especiales, como el compilador que convierte el código escrito en Java en un formato que la computadora puede entender. Basta recordar que es como tener un traductor que convierte lo que se escribe en un idioma a otro idioma. Por ejemplo, imagina que cuando escribes "Hola" en español y el traductor lo convierte a "Hello" en inglés.

3. **El compilador convierte el código en algo entendible para la máquina.** El compilador de Java toma el código que se escribe y lo convierte en algo llamado *bytecode*. Por ejemplo, imagina que estás escribiendo una receta y el compilador la convierte en un conjunto de instrucciones específicas para hacer una exquisita comida.

4. **El iniciador de aplicaciones ejecuta los programas.** Cuando se ejecuta un programa Java, el iniciador de aplicaciones abre el entorno de ejecución o JRE, carga la parte necesaria del programa y comienza a ejecutarlo. Por ejemplo, imagina que quieres arrancar tu coche, al encenderlo, el vehículo carga lo necesario y comienza a funcionar, así estará listo para llevar a cabo su propósito: trasladarte de un lado a otro.

 **APLICACIÓN PRÁCTICA**

¿Cuál es la función principal del compilador en el JDK de Java?

Solución

El compilador en el JDK de Java tiene la tarea de traducir el código fuente escrito por el programador en un formato llamado *bytecode,* que es entendible por la máquina. Es similar a un traductor que convierte el lenguaje humano a otro idioma, pero, en este caso, convierte el código a un formato ejecutable por la máquina.

3. IDE Eclipse - Variables y datos

👉 HILO CONDUCTOR

Conscientes del imparable avance tecnológico, y una vez decidido potenciar su experiencia con la integración de realidad virtual en sus proyectos, Marta, Carlos, Luis y Ana están convencidos de que Java puede ser la clave para dotar de excelencia a sus ideas emprendedoras, sobre todo después de practicarlo en un entorno de desarrollo integrado (IDE).

Un **entorno de desarrollo** integrado conocido como **IDE** (acrónimo en inglés *de Integarted Development Environment)*, es una herramienta de *software* que proporciona un conjunto completo de características y herramientas para facilitar el desarrollo de *software*. Básicamente, un IDE integra tres elementos:

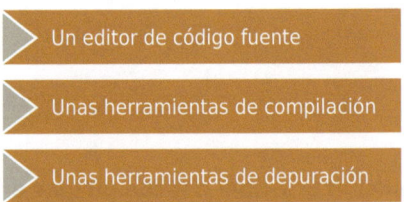

> Un editor de código fuente

> Unas herramientas de compilación

> Unas herramientas de depuración

La idea detrás de un IDE es proporcionar a los programadores un entorno único y cohesivo para escribir, compilar, depurar y administrar su código.

NOTA

IDE suele incluir también características adicionales como autocompletado, resaltado de sintaxis, gestión de proyectos, etc.

A continuación, se van a mostrar más detalles sobre los elementos que conforman un entorno de desarrollo integrado o IDE:

- **Editor de código fuente.** Un editor de código fuente es una herramienta de *software* diseñada para facilitar la creación y edición de un código fuente de programas informáticos. Su función principal es proporcionar un entorno donde los desarrolladores puedan escribir, modificar y revisar el código de sus programas. Los editores del código suelen incluir funciones como resaltado de sintaxis, autocompletado, plegado de código, navegación rápida y otras características que mejoran la productividad y la legibilidad del código.
  Cabe destacar que un editor de código fuente, por sí solo, no ofrece capacidades de compilación o ejecución del código; su función principal es facilitar la creación y edición del código fuente.
- **Herramientas de compilación.** La compilación es el proceso mediante el cual el código fuente escrito por un programador se traduce en código ejecutable entendido por la máquina o por el entorno de ejecución. Las herramientas de compilación son programas o utilidades que automatizan este proceso. Estas herramientas transforman el código fuente escrito en un lenguaje de programación de alto nivel, en un código de máquina o *bytecode* que la máquina virtual como Java o el sistema operativo pueden ejecutar.
  En el caso de Java, la herramienta de compilación principal es el compilador Java (`java`). Este toma archivos fuente con extensión `.java` y produce archivos de *bytecode* con extensión `.class`. El *bytecode* es ejecutado por la máquina virtual de Java.
- **Herramientas de depuración.** La depuración es el proceso de identificar y corregir errores o defectos en el código fuente de un programa. Las herramientas de depuración son componentes esenciales en el desarrollo de *software* y permiten a los desarrolladores examinar el comportamiento del programa durante la ejecución para encontrar y corregir errores.
  Estas herramientas proporcionan funciones como puntos de interrupción o *breakpoints,* seguimiento de la ejecución paso a paso, inspección de variables, visualización del estado del programa y análisis de la pila de llamadas, etc. Un IDE o Entorno de Desarrollo Integrado como Eclipse,

NetBeans o IntelliJ IDEA suele incluir herramientas de depuración avanzadas que facilitan el proceso de identificación y corrección de errores durante el desarrollo de *software.*

3.1. Ejemplos de editores de código

Weisheim (2023) sugiere conocer una lista de editores de código a través de numerosos ejemplos como son **Visual Studio Code, Sublime Text, Atom y Notepad++,** etc.

En su artículo **Los 17 mejores editores de código** proporciona una visión general de los editores de código más populares utilizados por los programadores y desarrolladores web.

A modo de resumen, Reina Weisheim viene a explicar que antes de los editores de código los desarrolladores utilizaban editores de texto como **Notepad** en *Windows* y **TextEdit** en *Mac.* Sin embargo, los editores de texto no brindan funciones diseñadas específicamente para la programación.

Los editores de código están equipados con funciones como el autocompletado, el resaltado de sintaxis y la **indentación** para una programación más fácil y rápida. Además de los editores de código, existe una variedad de *software* de entorno de desarrollo integrado conocido como IDE para una experiencia de edición más rica en funciones.

 **PARA SABER MÁS**

La indentación es una técnica que se utiliza en la programación para mejorar la legibilidad del código fuente. Consiste en agregar un espacio inicial (indentado) al principio de las líneas de código, lo que ayuda a delimitar visualmente los bloques y estructuras de control. Esto facilita la lectura y comprensión del código.

La indentación puede ser significativa o no significativa. En lenguajes como Python, la indentación es significativa, es decir, tiene un significado y es necesaria para definir los bloques de código. En cambio, en lenguajes como C#, Java y C++, la indentación no tiene un significado semántico y se utiliza únicamente para mejorar la legibilidad del código.

Continúa en página siguiente >>

<< Viene de página anterior

Es importante mantener un estilo de indentación consistente dentro de un proyecto para facilitar la colaboración y el mantenimiento del código2. La mayoría de los entornos de desarrollo integrado (IDE) proporcionan herramientas de autoformato que permiten aplicar la indentación automáticamente.

Si quieres saber más sobre este interesante concepto accede al siguiente artículo, escaneando el QR.

https://redirectoronline.com/ifcd990301

 ## PARA SABER MÁS

Si quieres conocer más sobre el artículo de Weisheim "Los mejores 17 editores de código", escanea el siguiente QR para acceder a él:

https://redirectoronline.com/ifcd990300

El artículo también presenta 17 opciones gratuitas y premium, incluidos IDEs y herramientas de código colaborativo en línea. Algunos de los editores de código gratuitos mencionados son Visual Studio Code, Sublime Text, Atom, Notepad++, CoffeeCup HTML Editor, TextMate, Bluefish, Vim, NetBeans, Codeshare.io, GNU Emacs, y Spacemacs. Los editores de código premium mencionados son BBEdit, WebStorm, UltraEdit, Espresso, y Nova.

Elegir el editor adecuado depende del tipo de proyectos en los que se trabaje, los objetivos de programación y el nivel de habilidad del usuario. Algunas características a considerar al elegir un editor de código son:

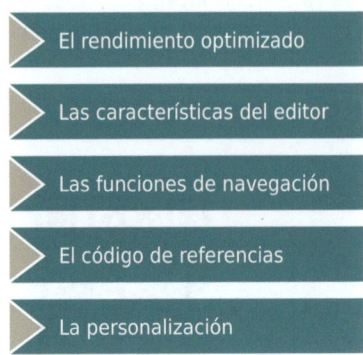

El rendimiento optimizado

Las características del editor

Las funciones de navegación

El código de referencias

La personalización

3.2. Máquina virtual de Java

La **Máquina virtual de Java o JVM** (acrónimo en inglés de *Java Virtual Machine)*, es como un intérprete especial que actúa como un ambiente de ejecución para programas escritos en Java.

 **RECUERDA**

Una de las características de Java es la portabilidad. En lugar de producir un código específico para una computadora en particular, como hacen otros lenguajes de programación, el compilador de Java crea el *bytecode* que la JVM puede leer y ejecutar en cualquier dispositivo donde esté instalado el entorno de ejecución de Java o JRE. Esto hace que los programas escritos en Java sean portables, ya que pueden ejecutarse en diferentes sistemas sin necesidad de reescribir el código para cada uno.

El trabajo principal de la máquina virtual de Java consiste en traducir el código escrito en el lenguaje de programación de Java, que como ya se sabe recibe el nombre de bytecode, a un lenguaje que la computadora puede entender y ejecutar.

Funcionamiento de la máquina virtual de Java

Se debe entender bien el funcionamiento de la máquina virtual de Java, que en términos genéricos los procesos que se llevan a cabo en ella son de la siguiente manera:

- **Compilación a *bytecode*.** En el primer paso, el código escrito en Java se traduce en algo llamado "código de *bytes*" mediante el compilador de Java. Este código de *bytes* es como un conjunto de instrucciones universales que no están dirigidas a una máquina específica.
- ***Bytecode* como lenguaje intermedio.** El código de *bytes* es como un idioma intermedio entre el código Java y el ordenador en el que se ejecutará. Es como tener un texto traducido a un idioma que ambos, ordenador y código Java, pueden entender.
- **Función de la JVM.** Cuando se ejecuta un programa Java, la JVM entra en acción. Se encarga de administrar y asignar el espacio de memoria necesario para que el programa funcione correctamente. Es como si la JVM fuera la encargada de organizar el espacio y los recursos necesarios para que el programa se ejecute sin problemas. Es como si se preparara una habitación de un hotel para que un huésped pueda disfrutar de la estancia, tras asegurarse de que todo esté en su lugar y de que todo funcione correctamente.

Esta máquina (JVM) es fundamental en el ecosistema de programación de Java, puesto que cuando se escribe en este lenguaje el código fuente se guarda en archivos con extensión **.java.** Luego, se utiliza el compilador de Java, llamado javac, para traducir este código fuente a un formato intermedio o *bytecode,* que tiene extensión **.class.**

 **EJEMPLO**

Imaginemos un archivo llamado "MiPrograma.java" que contiene el siguiente código:

```
public class MiPrograma {
public static void main (String[] args) {
System.out.println("¡Hola, mundo!");
    }
} }
```

Para compilar este código, se usaría el compilador de Java del terminal:

```
javac MiPrograma.java
```

Esto generará un archivo "MiPrograma.class" que contiene el *bytecode* del programa. Este *bytecode* no es código máquina directamente ejecutable, sino que está diseñado para ser interpretado por la Máquina Virtual de Java.

Entonces, para ejecutar el programa, se utilizaría el comando java, que invoca la JVM o Máquina Virtual de Java:

```
java MiPrograma
```

La JVM lee el archivo "MiPrograma.class", interpreta y ejecuta el *bytecode*, produciendo la salida esperada en la consola, que en este caso es la célebre frase: "¡Hola, mundo!"

- -

La máquina virtual de Java es clave porque proporciona portabilidad al código Java. Permite que el mismo *bytecode* sea ejecutado en diferentes sistemas operativos siempre que haya una implementación de la JVM disponible para ese sistema. Con eso y todo, la máquina virtual de Java realiza tareas tan importantes como:

1. **La gestión de memoria.**
2. **La gestión de recursos del sistema.**
3. **La ejecución del código.**

Todo ello hace que el desarrollo y la ejecución de programas en Java sean más seguros y robustos.

NOTA

Con el ejemplo anterior se pudo ilustrar cómo funciona en Java el ciclo de compilación y ejecución, y cómo gracias al compilador se convierte el código fuente en *bytecode*, así como la máquina virtual de Java interpreta y ejecuta ese *bytecode* en diferentes plataformas.

Arquitectura de la máquina virtual de Java

La **arquitectura de la máquina virtual de Java (JVM)** se compone de varios elementos que trabajan juntos para ejecutar programas escritos en Java.

Cada área señalada de la arquitectura de la máquina Java juega un papel fundamental. Te mostramos sus principales funciones:

1. **Cargador de clases.** Carga archivos de clases y lleva a cabo tres funciones principales:

   1. Carga
   2. Vinculación
   3. Inicialización

2. **Área del método.** Almacena información de las clases, sus datos constantes y métodos.
3. **Montón.** Espacio para almacenar objetos y sus datos compartidos entre hilos.
4. **Pilas de lenguaje JVM.** Almacenan variables locales y resultados parciales por método. Cada hilo tiene su pila.

5. **Registros de PC.** Guardan la dirección de la instrucción actual para cada hilo.
6. **Pilas de métodos nativos.** Guardan el código nativo vinculado a bibliotecas externas.
7. **Motor de ejecución.** *Software* para probar *hardware* o *software*. No contiene datos del producto probado.
8. **Interfaz del método nativo.** Permite a código Java ser llamado por aplicaciones nativas.
9. **Bibliotecas de métodos nativos.** Colección de bibliotecas externas (C, C++) necesarias para el motor de ejecución.

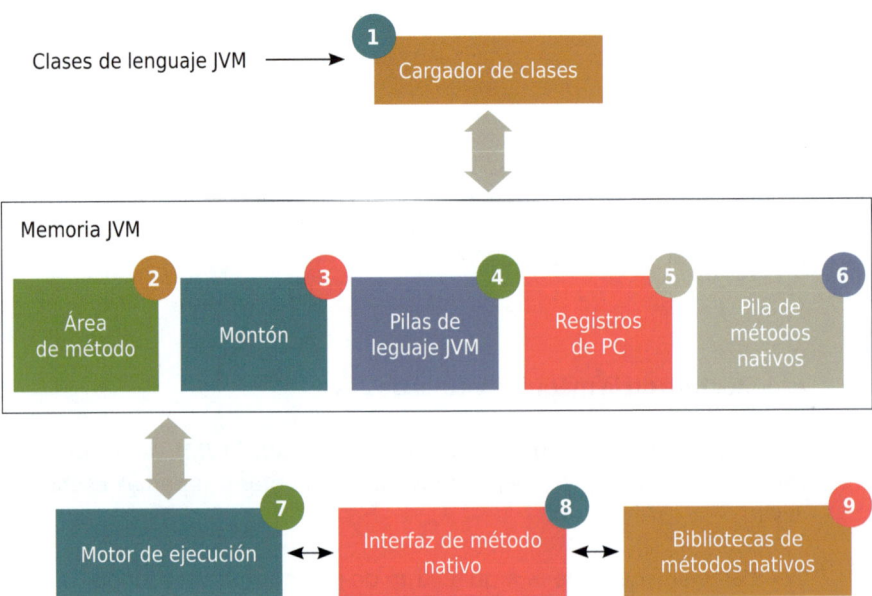

Los elementos que componen la arquitectura de la máquina virtual de Java trabajan en conjunto para proporcionar un entorno de ejecución consistente y portátil para programas escritos en este lenguaje de programación. De esta forma queda asegurado que los programas se ejecutan de manera eficiente y confiable en diferentes sistemas y plataformas. Dichos elementos son:

○ **Cargador de clases** *(Class Loader).* Se encarga de cargar las clases necesarias en la JVM. Toma los archivos de clases compiladas (archivos .class) y los carga en memoria para que puedan ser utilizados por el programa.

⮞ **Área de memoria *(Memory Area)*.** La memoria se divide en distintas secciones para almacenar diferentes tipos de datos durante la ejecución del programa Java. Estas secciones son cuatro:

- ⮞ *Heap* (montón): espacio de memoria dinámica donde se almacenan los objetos y las instancias de las clases.
- ⮞ *Stack* (pila): almacena datos relacionados con métodos y sus variables locales. Cada hilo de ejecución tiene su propia pila.
- ⮞ *Method Area* (área de métodos): almacena información sobre las clases cargadas, como métodos estáticos, constantes y estructuras de datos.
- ⮞ *PC Register* (registro de *Program Counter):* guarda la dirección de la instrucción actual que se está ejecutando.

⮞ **Motor de ejecución *(Execution Engine)*.** Ejecuta el *bytecode* traducido por el compilador Java. Incluye dos componentes principales:

- ⮞ *Interpreter* (intérprete): lee el *bytecode* línea por línea y ejecuta las operaciones correspondientes.
- ⮞ *Just-In-Time* (JIT) *Compiler* (Compilador JIT): traduce partes del *bytecode* en código de máquina nativo para mejorar la velocidad de ejecución.

⮞ **Interfaz de método nativo *(Native Method Interface)*.** Permite a la JVM llamar a métodos escritos en lenguajes nativos como C o C++ cuando es necesario interactuar con el sistema operativo o el *hardware* subyacente.
⮞ **Bibliotecas de métodos nativos *(Native Method Libraries)*.** Son bibliotecas de métodos escritos en lenguajes nativos que son clave para el funcionamiento de la JVM.

Java fue promocionado con el lema "escribir una vez, ejecutar en cualquier lugar" (o WORA)

 **APLICACIÓN PRÁCTICA**

¿Cuál es la función principal del cargador de clases (*Class Loader*) en la arquitectura de la máquina virtual de Java?

Solución

El cargador de clases *(Class Loader)* en la arquitectura de la máquina virtual de Java, tiene la responsabilidad de cargar las clases necesarias en la JVM. Toma los archivos de clases compiladas .class y los carga en memoria para que puedan ser utilizados por el programa durante la ejecución.

3.3. Descarga e instalación de Java

El kit de desarrollo de Java posibilita la codificación y ejecución de programas. A la hora de instalar este kit es muy posible encontrar diferentes versiones. El tipo de instalación a elegir va a depender de los requisitos del sistema y de la plataforma que se desee instalar. En este tutorial se indicará cómo descargar e instalar la versión gratuita de Java JDK 8 para *Windows 10* (64 bits).

La instalación del *Java Development Kit* (JDK) o kit de desarrollo de Java en plataformas *Microsoft Windows* es un proceso realmente sencillo. A continuación se proporciona una guía que va indicando cada paso de este proceso:

1. **Acceso al sitio de descarga.** Para proceder a la descarga del kit de desarrollo de Java, accede a **Java Downloads,** escaneando el siguiente QR:

https://redirectoronline.com/ifcd9908

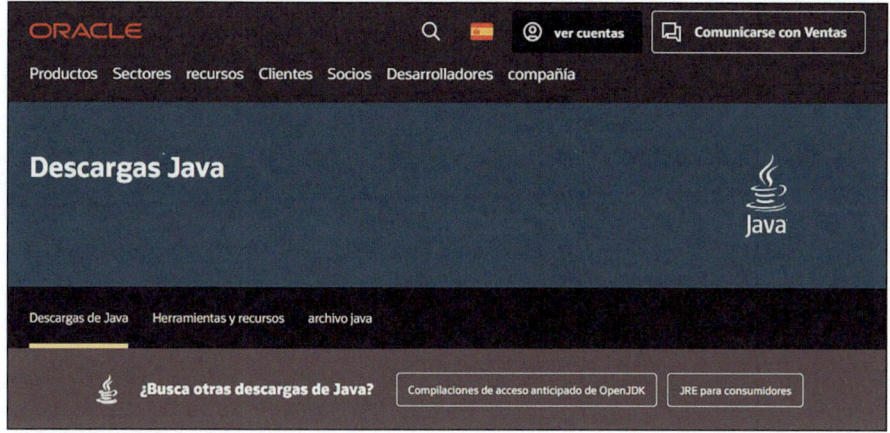

Sitio de descargas Java

2. **Requisitos del sistema.** Antes de comenzar, hay que asegurarse de que el procesador y navegador sean compatibles. Puedes consultar los **sistemas certificados Oracle JDK** para obtener información detallada, escanea el siguiente QR:

https://redirectoronline.com/ifcd990309

En el menú de descargas elige el enlace correspondiente al instalador para *Windows*. Por ejemplo, **jdk-21.interim.update.patch_windows-x64_bin.exe** o **jdk-8u271-windows-xs64.exe** y no olvides aceptar el correspondiente acuerdo de licencia.

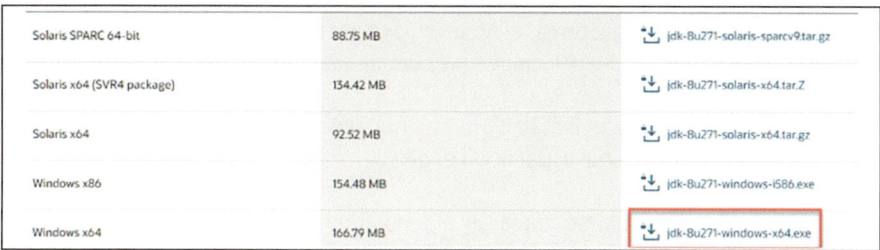

Solaris SPARC 64-bit	88.75 MB	⬇ jdk-8u271-solaris-sparcv9.tar.gz
Solaris x64 (SVR4 package)	134.42 MB	⬇ jdk-8u271-solaris-x64.tar.Z
Solaris x64	92.52 MB	⬇ jdk-8u271-solaris-x64.tar.gz
Windows x86	154.48 MB	⬇ jdk-8u271-windows-i586.exe
Windows x64	166.79 MB	⬇ jdk-8u271-windows-x64.exe

Versiones de descarga de Java Oracle

Cuando selecciones el enlace de instalación se abrirá una ventana emergente. En esa ventana deberás hacer clic en Revisar y aceptar para dar tu consentimiento al Acuerdo de licencia de Oracle Technology Network relacionado con el kit de desarrollo Oracle Java SE. Luego, serás redirigido a la página de inicio de sesión. Si no posees una cuenta de Oracle (es necesaria), puedes registrarte de manera sencilla proporcionando alguna información tuya.

3. **Instalación y ejecución del archivo.** Una vez que se ha completado la descarga de Java JDK 8, deberás gestionar el archivo ejecutable para instalar JDK *Windows,* dándole a ejecutar. Luego pulsa el botón **Next** o **Siguiente.**

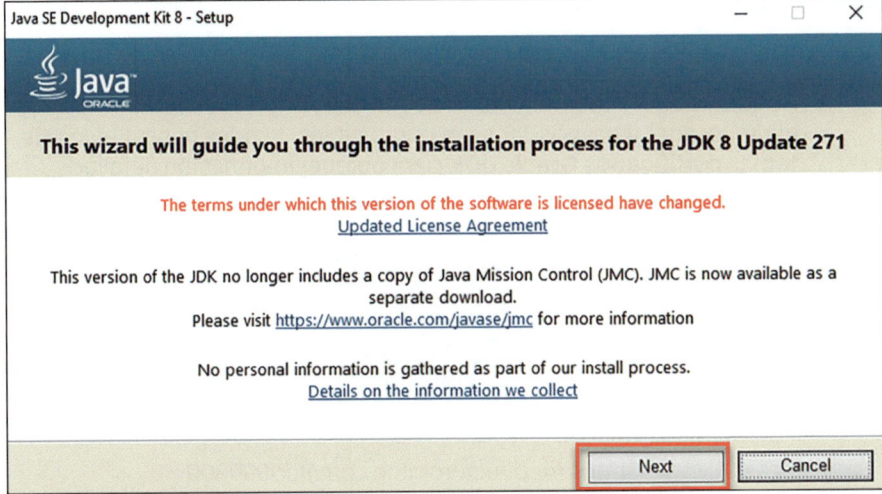

Sitio de descarga de Java Oracle

NOTA

Al pulsar el botón **Siguiente,** el archivo **.exe** descargado iniciará su instalación y deberás seguir las instrucciones proporcionadas por el instalador.

Una vez completada la instalación, y si lo deseas, puedes eliminar el archivo descargado para liberar espacio en el disco.

Durante la instalación se copiarán algunos archivos a tu equipo, como java.exe, javaw.exe, javac.exe, y jshell.exe en la ruta "C:Program FilesCommon FilesOracleJava javapath".

Si se prefiere una instalación más minimalista o sencilla y con los mínimos diálogos es posible utilizar el instalador MSI. Para ello, basta con descargar el archivo .msi desde la página de descargas de Java SE y seguir los siguientes pasos:

⊃ **Paso 1.** Ejecución del archivo .msi para iniciar la instalación.
⊃ **Paso 2.** Instalación desde la línea de comandos:

    ◉ Abrir un mensaje de MS-DOS con permisos administrativos.
    ◉ Ejecutar el siguiente comando según el tipo de instalación que se desee:

        ⇕ Modo de interfaz de usuario básico: msiexec.exe /i jdk-21_windows x64_bin.msi
        ⇕ Modo silencioso: msiexec.exe jdk-21_windows-x64_bin.msi /qn

También se puede crear un archivo de registro para verificar la instalación.

⊃ **Instalación silenciosa del JDK:** se puede realizar una instalación silenciosa y no interactiva usando el comando: jdk.exe /s (donde "jdk.exe" es el nombre del archivo de instalación descargado).

 CONSEJO

Después del proceso de instalación es posible comenzar a utilizar el kit de desarrollo de Java. Una vez instalado, se accede al Java Development Kit desde el menú **Inicio de *Windows.*** Recuerda siempre respaldar tus datos antes de realizar cambios en el registro del sistema.

Las variables RUTA y CLASSPATH

Las **variables en Java,** dentro del contexto de un entorno de desarrollo integrado, cumplen un papel esencial en el proceso de programación. Son fundamentales para el desarrollo de aplicaciones eficientes y mantenibles, puesto que permite a los programadores examinar y modificar el valor de las variables en tiempo real durante la ejecución del programa entre otras cuestiones que a continuación se nombran:

- Las variables en Java permiten almacenar y manipular datos en la memoria durante la ejecución del programa. Pueden contener valores como números, texto o referencias a objetos.
- Posibilitan la creación de programas dinámicos, ya que su contenido puede cambiar durante la ejecución del código, adaptándose a las necesidades del programa.
- El uso de variables con nombres descriptivos mejora la legibilidad del código fuente. Esto facilita la comprensión de la lógica del programa y colabora en un mantenimiento más sencillo.
- Las variables permiten almacenar resultados intermedios o valores que se utilizan repetidamente en el programa, favoreciendo la reutilización de código y reduciendo la redundancia.
- Java es un lenguaje fuertemente tipado, y el uso de variables facilita la manipulación de diferentes tipos de datos, como enteros, cadenas de texto, booleanos, etc.

Configurar las variables de entorno en Java, como la **RUTA** y **CLASSPATH,** es como darle a una computadora instrucciones sobre dónde encontrar cosas importantes para ejecutar programas Java.

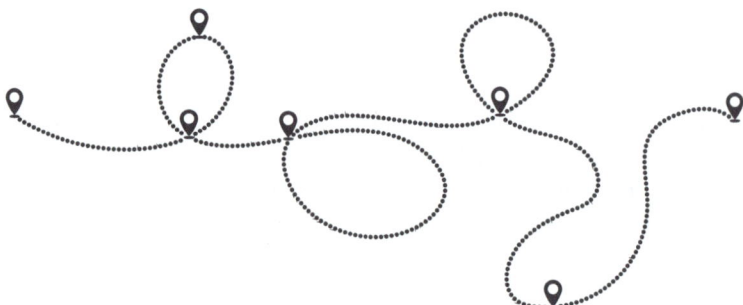

La configuración de las variables del entorno en Java se puede interpretar como la manera en la que se le proporciona a un ordenador un mapa que le permite encontrar programas de forma sencilla y veloz.

A continuación, se ofrece una breve explicación de lo que supone cada una de las variables del entorno Java:

PATH	La variable PATH es como una lista de ubicaciones importantes dentro de un ordenador, como las carpetas específicas. Cuando se ejecuta un programa Java, la máquina sabe perfectamente dónde encontrarlo. Es decir, es como decirle a una máquina dónde se ha de buscar para encontrar sus herramientas y manuales de uso.
RUTA	Si no se configura la RUTA, el usuario tendrá que decirle al ordenador la dirección completa del programa cada vez que lo vaya a usar, algo así como decirle exactamente en qué estante y en qué estantería está cada libro dentro de una biblioteca.
CLASSPATH	Por otro lado, la variable CLASSPATH es como decirle a la computadora dónde están los libros de referencia o las notas importantes. Esta variable le dice a Java dónde buscar las bibliotecas necesarias para un determinado programa.

NOTA

La variable PATH facilita la ubicación de programas ejecutables como pudiera ser Java.

Aunque es posible ejecutar un programa sin necesidad de tener que especificar cuál es su RUTA de acceso, sí será necesario proveer de la ruta completa del programa ejecutable. Por ejemplo:

C:\Archivos de programa\Java\jdk1.8.0_271\bin\javac A.java en lugar de simple javac A.java

Configuración de las variables Java

Las variables de entorno de Java, como PATH, CLASSPATH y la configuración de la carpeta bin, se configuran con el fin de que el sistema operativo pueda localizar las herramientas y bibliotecas necesarias para ejecutar y compilar aplicaciones Java.

> La variable PATH permite acceder a los comandos de Java, como javac (compilador) o java (ejecutor), desde cualquier ubicación en la línea de comandos.

> La variable CLASSPATH especifica la ruta de las bibliotecas necesarias para ejecutar programas Java.

La configuración adecuada de estas variables garantiza que las herramientas del JDK (Java Development Kit) funcionen correctamente, facilitando el desarrollo, compilación y ejecución de proyectos en este lenguaje de programación.

Para aprender a configurar estas variables, se deben seguir algunos sencillos pasos.

1. *Acceso a propiedades del sistema*

   1. Dirígete al icono de **Este Equipo** o **Mi PC** en tu escritorio o explorador de archivos.
   2. Haz clic derecho sobre el icono y selecciona la última opción del menú **Propiedades.**

      ⇕ Si no ves **Este Equipo,** busca **Sistema** en el menú de **configuración del PC.**

2. *Acceso a la configuración avanzada*

   1. Dentro de la ventana de **Propiedades del sistema,** localiza la opción en el lado izquierdo o superior derecho que dice: **Configuración avanzada del sistema.**

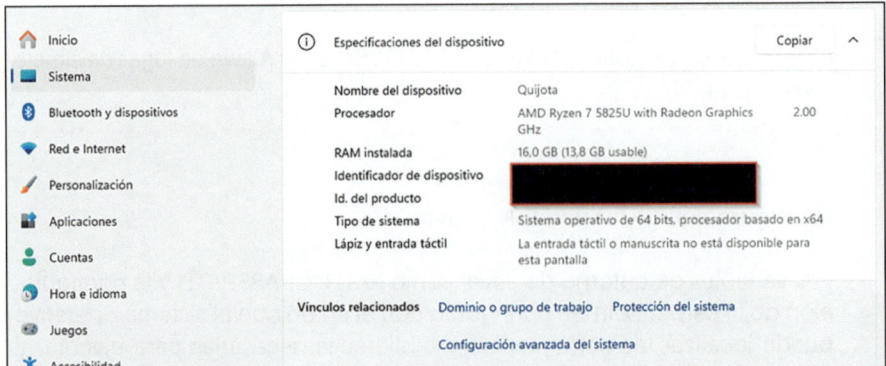

2. Haz clic en esta opción. Aparecerá una nueva ventana emergente llamada **Propiedades del sistema.**

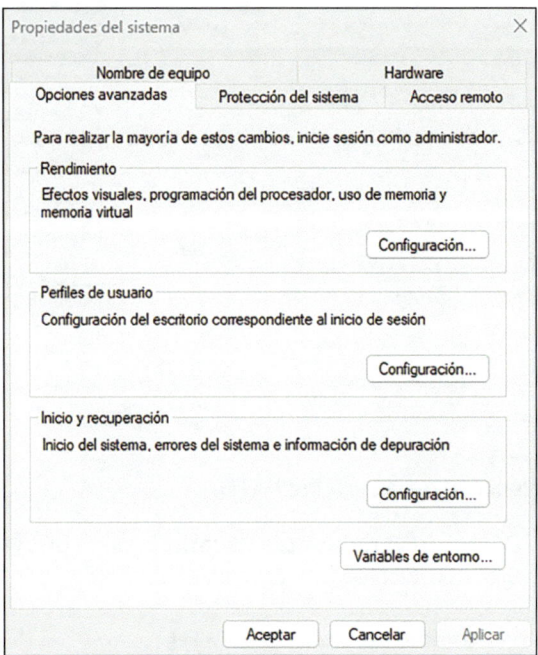

3. *Variables del entorno*

1. En la pestaña **Opciones avanzadas,** busca el botón llamado **Variables del entorno** y haz clic en él.
2. Se abrirá un cuadro de diálogo con dos secciones:

   ⇕ **Variables del usuario** (solo afectan a tu usuario).
   ⇕ **Variables del sistema** (afectan a todos los usuarios).

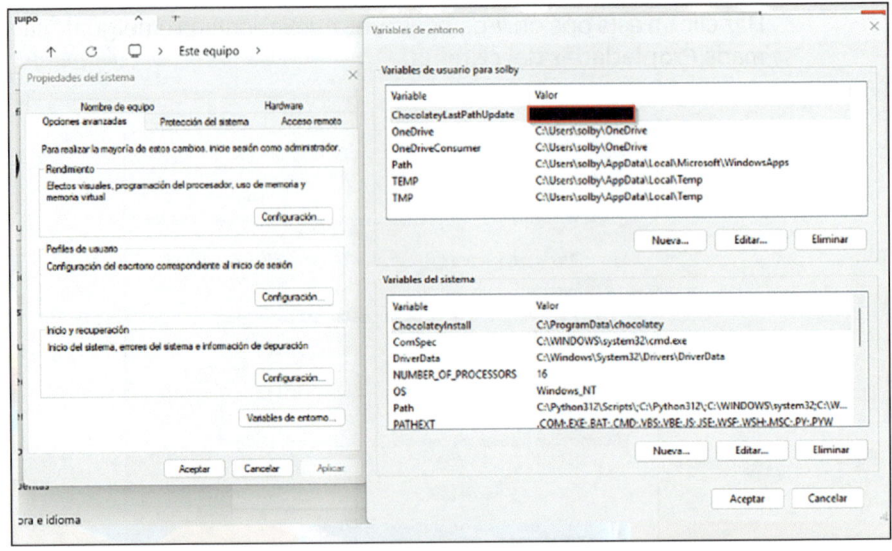

4. *Selección de la variable PATH*

   1. Dentro de **Variables del usuario,** localiza una variable llamada **PATH.**
   2. Si no existe, crea una nueva variable presionando el botón **Nuevo.**

      ⇕ Nombre de la variable: PATH.
      ⇕ Valor inicial: vacío (o continúa con el siguiente paso).

   3. Si ya existe, selecciónala y haz clic en **Editar.**

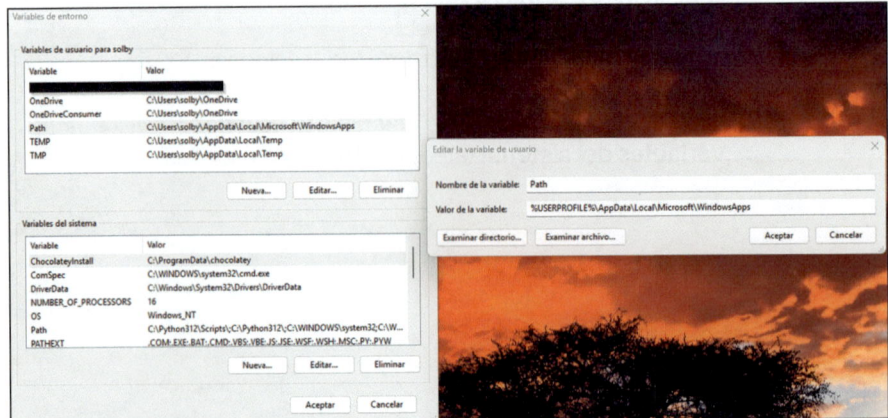

5. *Modificación del PATH*

1. En el cuadro de edición de PATH:

↕ Agrega una nueva entrada escribiendo: <Directorio de instalación del JDK>\bin
↕ Ejemplo: C:\Program Files\Java\jdk-XX\bin
↕ Si hay valores previos, separa cada entrada con un punto y coma ;.

2. Guarda los cambios haciendo clic en **Aceptar.**

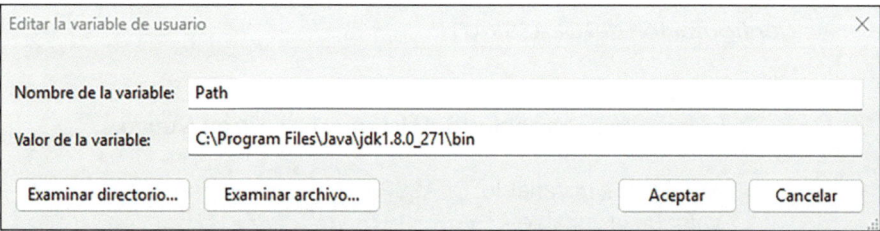

Modificación de la variable de usuario Path

 **NOTA**

Verifica la Carpeta bin, abriendo el explorador de archivos y navega hasta el directorio donde instalaste el Java Development Kit (JDK) para confirmar que existe una carpeta llamada **"bin"** dentro de la ruta de instalación del JDK. Por ejemplo, C:\Program Files\Java\jdk-XX\bin

jdk-XX es un marcador genérico que indica que la ruta corresponde a cualquier versión del JDK instalada. El "XX" representa la versión reemplazable por la específica que se esté utilizando. Esta ruta no existe directamente en el sistema hasta que se sustituye "XX" por la versión real del JDK instalado.

En el ejemplo de la imagen se ha especificado jdk1.8.0_271 que es una ruta concreta que apunta a una versión específica del JDK: en este caso, Java Development Kit versión 1.8.0, actualización 271.

Continúa en página siguiente >>

<< Viene de página anterior

Editar la variable de usuario	✕

Nombre de la variable: Path

Valor de la variable: C:\Program Files\Java\jdk1.8.0_271\bin

[Examinar directorio...]   [Examinar archivo...]   [Aceptar]   [Cancelar]

---

6. *Configuración del CLASSPATH*

   1. Regresa al cuadro de **Variables del entorno.**
   2. En la sección de **Variables del sistema,** haz clic en **Nuevo.**

    ⇕ Nombre de la variable: CLASSPATH.
    ⇕ Valor de la variable: `<Directorio de instalación del JDK>\lib\tools.jar`
    ⇕ Ejemplo: `C:\Program Files\Java\jdk-XX\lib\tools.jar`

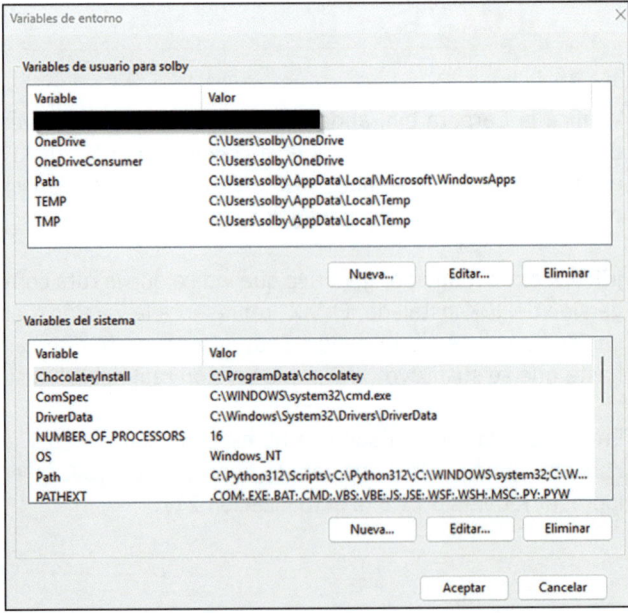

Cuadro de variables de entono. Configuración de la variable CLASSPATH

7. *Verificación de la configuración*

1. Abre el **Símbolo del sistema:**

   ⇕ Presiona **Win + R,** escribe **cmd** y presiona **Enter.**

2. Escribe el siguiente comando y presiona **Enter: javac.**

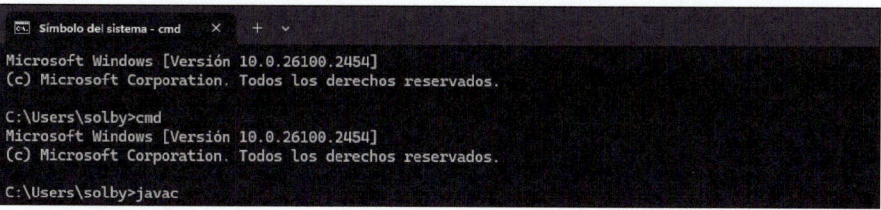

Comando en Símbolo del sistema para la comprobación de la instalación correcta de Java.

Si Java está correctamente instalado, el sistema mostrará una lista de comandos relacionados con javac. Si por el contrario aparece un mensaje de error, revisa las rutas configuradas en PATH y CLASSPATH.

NOTA

Si ya existe una variable PATH, edítala con precaución. Asegúrate de no eliminar las entradas previas necesarias para el sistema.

La carpeta bin suele contener archivos ejecutables y es clave para que Java funcione correctamente.

----

4. Eclipse como IDE

 **HILO CONDUCTOR**

El equipo de trabajo se sumerge en la experiencia de un entorno de desarrollo integrado (IDE). Conscientes de la importancia de elegir la herramienta adecuada

Continúa en página siguiente >>

<< Viene de página anterior

deciden adentrarse en Eclipse, un IDE caracterizado por su versatilidad. Descubrir cómo Eclipse puede ser la clave para optimizar los procesos y maximizar el potencial de Java, se convierte en el próximo capítulo emocionante de esta aventura tecnológica.

Eclipse es un **IDE (entorno de desarrollo integrado) de código abierto ampliamente utilizado para el desarrollo de *software* en Java,** aunque también es compatible con otros lenguajes de programación.

Ofrece una interfaz de usuario amigable y extensible mediante plugins, lo cual permite a los desarrolladores personalizar su entorno de desarrollo según sus necesidades.

4.1. Variables y datos en Java

En Java, las variables son contenedores que almacenan datos y tienen un **tipo de datos** asociado que define qué tipo de datos pueden contener. Seguidamente se presentan algunos puntos clave sobre variables y datos en Java.

En el lenguaje de programación Java, las variables son espacios de almacenamiento que guardan información. Estos espacios están vinculados a una identificación o a un tipo de dato específico. Esta identificación determina qué tipología de datos pueden ser almacenados en estas variables.

 **EJEMPLO**

Vamos a imaginar que queremos almacenar la edad de una persona en un programa Java. Podríamos usar una variable para representar esa información.

```
// Declaración de la variable 'edad' de tipo entero (int)
int edad;
// Asignación de un valor a la variable 'edad'
edad = 25;
// Ahora, la variable 'edad' contiene el valor 25}
```

En este caso hemos declarado una variable llamada edad de tipo entero (int) en Java. Posteriormente, le hemos asignado el valor 25. Ahora, la variable edad almacena la información de la edad, y podemos utilizar este valor en nuestro programa según sea necesario.

Declaración de variables

En Java, las variables se declaran especificando el tipo de datos, seguido del nombre de la variable.

Por ejemplo:

```
int edad; // Declaración de una variable entera llamada "edad"
```

Tipos de datos

Java tiene tipos de datos primitivos como int, float, doublé, boolean y tipos de datos de referencia como String, que es una clase.

➲ Los tipos de datos primitivos almacenan valores directamente.
➲ Mientras que los tipos de datos de referencia almacenan referencias a objetos.

Asignación de valores

Es posible asignar valores a las variables utilizando el operador de asignación (=).

Por ejemplo:

```
edad = 25; // Asignación del valor 25 a la variable "edad"
```

4.2. Inicialización de variables

Hay que destacar que la **inicialización de variables** en Java es un paso importante para garantizar que contengan un valor válido antes de ser utilizadas en el programa.

 **DEFINICIÓN**

Inicialización
El concepto inicialización hace referencia al proceso de asignar un valor inicial a una variable en el momento de su creación. En Java, las variables deben ser inicializadas antes de ser utilizadas en operaciones o cálculos.

El fragmento de código **int numero = 10; // Declaración e inicialización de una variable entera llamada "numero"** ejemplifica la declaración e inicialización de una variable en una sola línea.

Una explicación algo más detallada sería esta:

```
// Declaración e inicialización de una variable entera
llamada "numero"
int numero = 10;
```

Declaración de la variable
Se especifica el tipo de datos (int en este caso) seguido del nombre de la variable (número), indicando que se trata de una variable entera.

Operador de asignación (=)
Asigna el valor 10 a la variable número. Es importante destacar que la variable número está siendo inicializada con el valor 10 en este momento.

Este enfoque de declaración e inicialización en una sola línea es útil y compacto, especialmente cuando se conoce el valor que tomará la variable desde el principio. Sin embargo, es esencial recordar que todas las variables deben ser inicializadas antes de ser utilizadas para evitar errores en tiempo de ejecución.

IMPORTANTE

La inicialización asegura que la variable tenga un valor conocido y válido antes de que se realicen operaciones con ella en el programa.

4.3. Constantes

Es posible declarar constantes utilizando la palabra clave final. Las constantes son variables cuyo valor no puede cambiar una vez que se les asigna.

Por ejemplo:

```
final double PI = 3.14159; // Declaración de una constante
llamada "PI"
```

En definitiva, en Java las variables son elementos fundamentales que almacenan y manipulan datos. La correcta declaración, asignación e inicialización de variables es esencial para el desarrollo de programas efectivos. Los IDE como Eclipse facilitan la gestión de variables al proporcionar herramientas de autocompletado, resaltado de sintaxis y funciones de depuración que permiten a los desarrolladores trabajar de manera más eficiente y sin problemas.

 TAREA 2

Marta está trabajando en el desarrollo de un sistema de gestión de inventario para una tienda *online.* Necesita declarar variables para almacenar la cantidad de productos disponibles y el precio unitario de cada producto.

Basándote en lo aprendido sobre cómo se declaran variables en Java, ¿cómo debería Marta declarar estas dos variables en Java?

4.4. Descarga e instalación de Eclipse IDE para desarrolladores Java

El proceso de **descarga e instalación de Eclipse** es sencillo, esto permitirá ejecutar Java sin dificultad alguna. Los pasos son los siguientes.

Descarga

Para proceder a **descarga Eclipse** hay que dirigirse al siguiente enlace **https://www.eclipse.org/** y hacer clic en **Descargar x86_64.** Escanea el siguiente QR para visualizarlo:

https://redirectoronline.com/ifcd990308

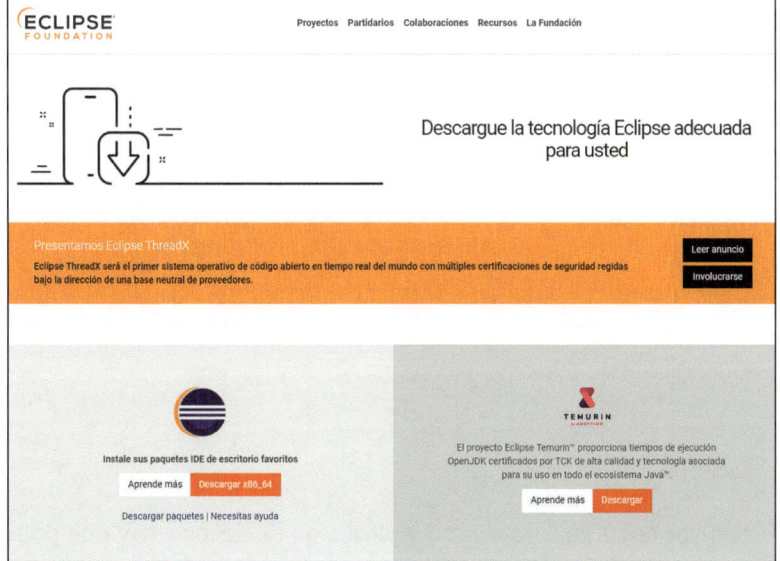

Sitio web de descarga Eclipse. Fuente: www.eclipse.org

Al hacer clic en **Descargar,** se mostrará una ventana en la que se deberá seleccionar un área geográfica cercana al usuario.

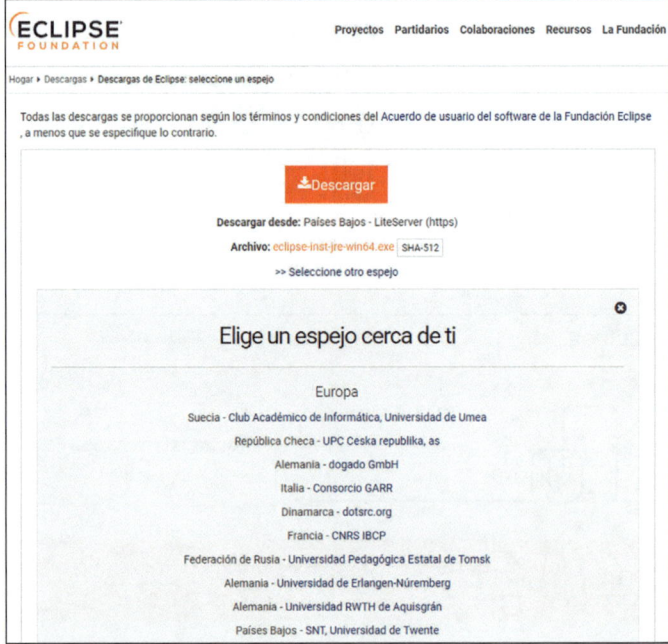

Términos y condiciones Eclipse. Fuente: www.eclipse.org

Instalación

Una vez se ha llevado a cabo la descarga de Eclipse, hay que pulsar en el explorador de archivos de *Windows* y hacer clic en **eclipse-inst-win64.exe,** para después seccionar la primera opción de **Eclipse IDE para desarrolladores Java** (Eclipse *IDE for Java Developers).*

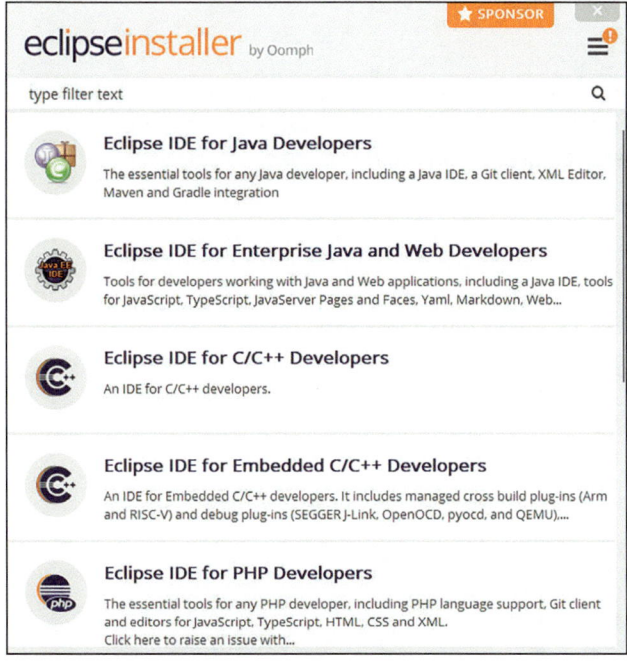

Eclipse IDE para desarrolladores Java. Fuente: www.eclipse.org

Al pulsar sobre la opción EDI para desarrolladores aparecerá la ventana de instalación tal como se muestra en la siguiente imagen:

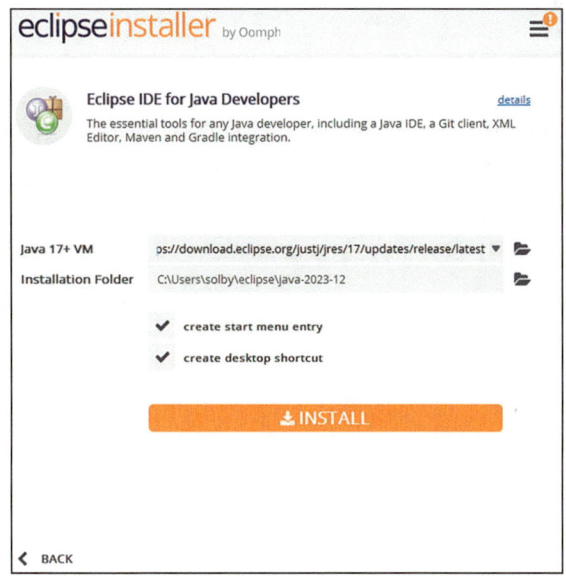

Ejecución

El siguiente paso es aceptar las condiciones de descarga, que según el área geográfica seleccionada serán diferentes. Después, se pondrá en marcha el proceso de instalación rápidamente.

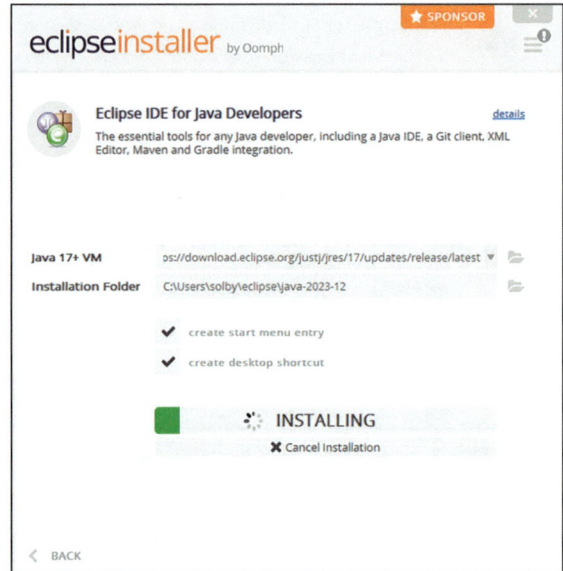

Proceso de instalación de Eclipse IDE para desarrolladores Java.
Fuente: www.eclipse.org

Inicio

Seguidamente, después de ejecutar Eclipse, hay que pulsar en el botón de **Iniciar** *(Launch)* para, posteriormente, seleccionar el directorio.

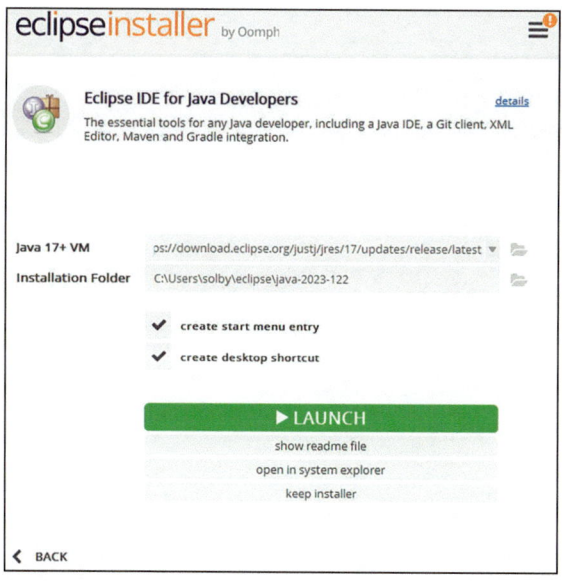

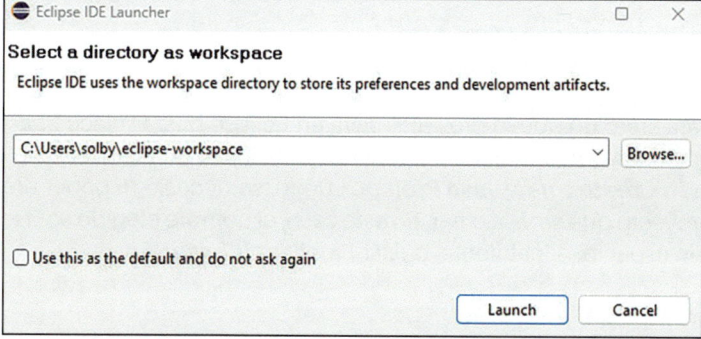

Inicio de Eclipse para desarrolladores Java. Fuente: www.eclipse.org

Lanzamiento

Tras la ejecución y el inicio de Eclipse, la plataforma IDE para desarrolladores Java está lista para comenzar a funcionar.

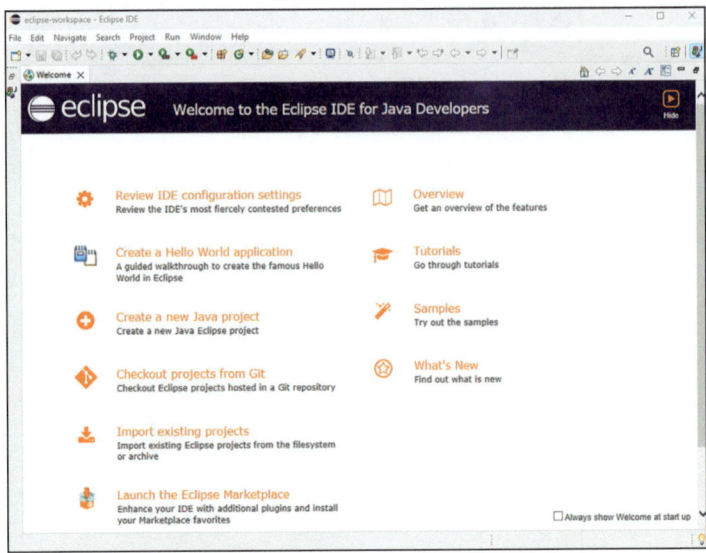

Pantalla de inicio de Eclipse para desarrolladores Java. Fuente: www.eclipse.org

Creación de un nuevo proyecto

Para crear un nuevo proyecto Java en Eclipse basta seleccionar una de las opciones que aparecen en la pantalla de inicio de Eclipse, justo en el apartado ***Create a new Java Project.*** Luego, se necesitará poner un nombre al proyecto que se va a crear, en este caso, el nombre elegido es "HolaMundo" (sin espacio). Finalmente, pulsar **Finalizar** *(Finish).*

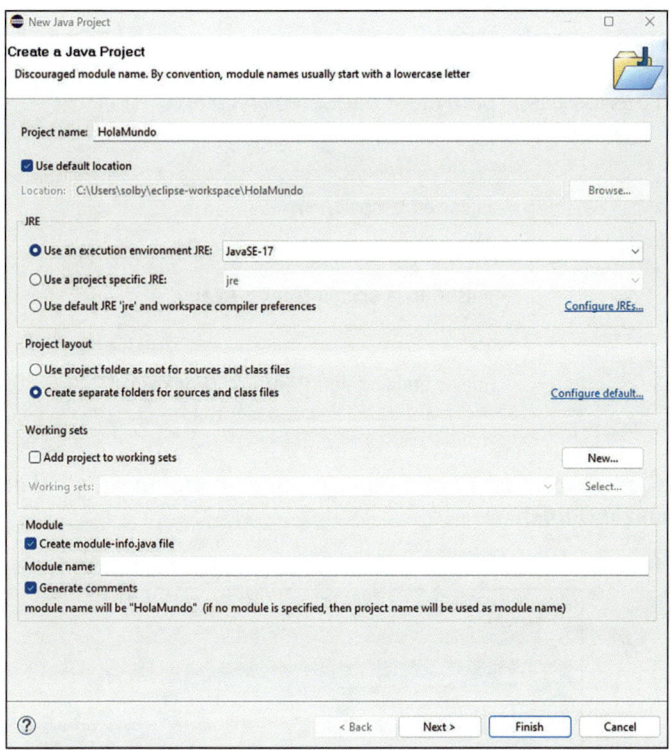

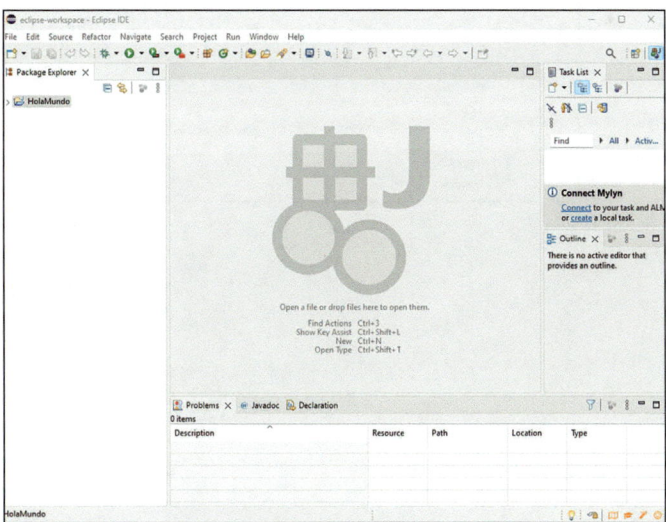

Creación de proyecto en Eclipse. Fuente: www.eclipse.org

Creación de paquete Java

Son tres los pasos para crear paquetes en Java:

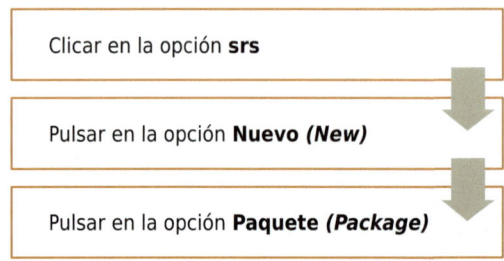

Clicar en la opción **srs**

Pulsar en la opción **Nuevo** *(New)*

Pulsar en la opción **Paquete** *(Package)*

Luego hay que dar nombre a este nuevo paquete sin olvidarse de pulsar **Finalizar** *(Finish).*

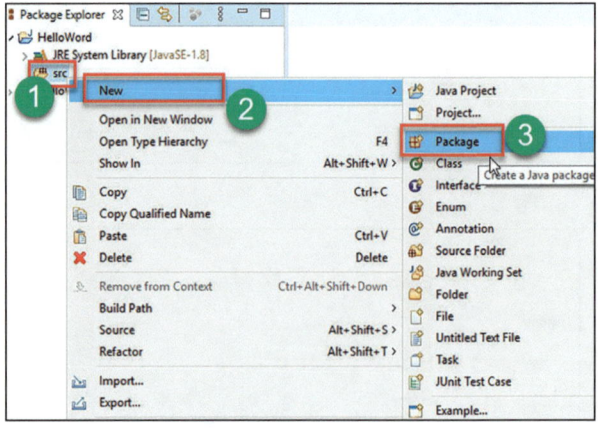

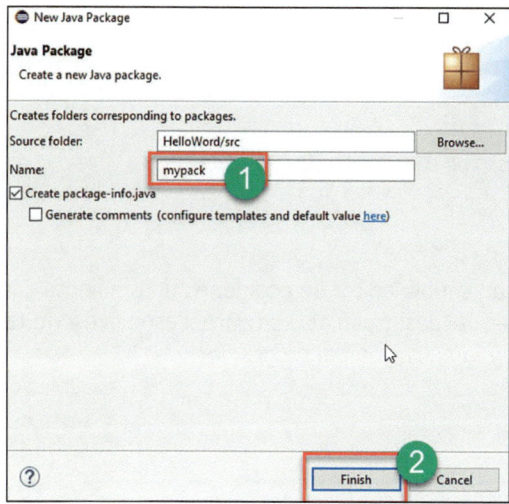

Proceso para crear un paquete y darle nombre. (Hartman, 2023).

Crear una clase Java

Una vez creado el paquete Java, pulsa en la opción **Nuevo** *(New)* y después hacer clic en **Clase** *(Class)* para crear una clase de Java. Luego, para nominar la clase hay que pulsar en el apartado ***public static void main (String[] args)"*** y dar **Finalizar**.

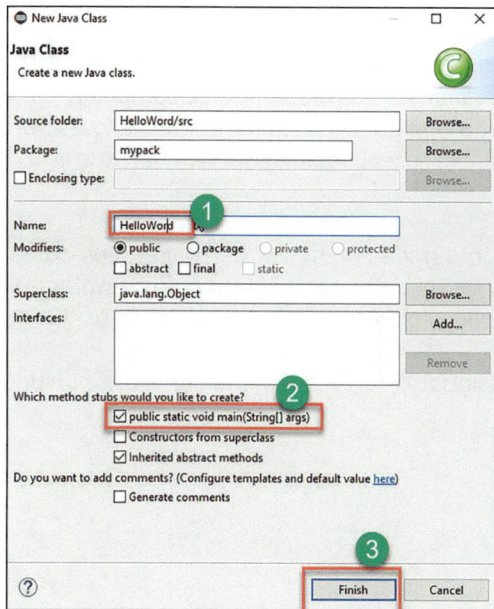

Proceso para dar nombre a la clase Java. (Hartman, 2023).

APLICACIÓN PRÁCTICA

¿Qué es Eclipse dentro del contexto de Java?

Solución

Eclipse es más que un simple editor de código, es un ambiente completo que unifica todas las fases del desarrollo del *software,* desde la escritura del código hasta la depuración y la ejecución del programa.

----

5. Operaciones de asignación

☞ HILO CONDUCTOR

En su exploración con Java y Eclipse, Marta, Carlos, Luis y Ana descubren que el manejo de variables es solo el principio. Animados por la necesidad de optimizar su código, se sumergen en el fascinante mundo de los operadores de asignación.

Los **operadores de asignación en Java** son símbolos que se utilizan para asignar valores a las variables. Estos operadores combinan la operación de asignación (=) con otro operador aritmético, lo que hace que la asignación de un valor a una variable se realice simultáneamente de una operación matemática o lógica.

Véase a continuación algunos ejemplos de operadores como son el de **asignación básico** y los operadores de **asignación combinados,** seguidos de unas sencillas explicaciones.

Los operadores de asignación básicos simplemente asignan un valor a una variable.

Operador de asignación básico (=)

```
int a = 5;
```

En este caso, se asigna el valor 5 a la variable a. Es la forma más común de asignación en Java.

Los operadores de asignación combinados realizan una operación aritmética y asignan el resultado a la variable, lo que hace que el código sea más conciso.

Operadores de asignación combinados

Estos operadores realizan una operación y luego asignan el resultado a la variable.

Suma y asignación (+=):

```
int b = 10;
b += 3; // Equivalente a b = b + 3;
```

La variable b se incrementa en 3. Es similar a escribir b = b + 3;.

Resta y asignación (-=):

```
int c = 8;
c -= 2; // Equivalente a c = c - 2;
```

La variable c se decrementa en 2. Es similar a escribir c = c - 2;.

Multiplicación y asignación (∗=)

```
int d = 4;
d *= 5; // Equivalente a d = d * 5;
```

La variable d se multiplica por 5. Es similar a escribir d = d ∗ 5;.

División y asignación (/=)

```
int e = 15;
e /= 3; // Equivalente a e = e / 3;
```

La variable e se divide entre 3. Es similar a escribir e = e / 3;.

Módulo y asignación (%=):

```
int f = 7;
f %= 4; // Equivalente a f = f % 4;
```

La variable f se asigna con el resto de la división por 4. Es similar a escribir f = f % 4.

Todos estos operadores son útiles para abreviar expresiones. Son atajos que combinan operaciones comunes con la asignación de valores a variables en una sola instrucción.

ACTIVIDAD COMPLEMENTARIA

2. Realiza una recopilación de los distintos operadores de asignación en Java. Para ello, investiga en la web e indica la función de cada operador.

---

6. Estructuras de control

 HILO CONDUCTOR

Emocionados por el descubrimiento de los operadores de asignación, los chicos se dan cuenta de que para llevar su proyecto de realidad virtual a nuevas alturas necesitan más que manipular variables de forma eficiente. Es aquí donde las estructuras de control en Java emergen como la siguiente frontera en su aprendizaje. Comprender estas estructuras es esencial para para dirigir con éxito el flujo de ejecución del programa en cuestión.

Las estructuras de control en Java son herramientas que permiten controlar el flujo de ejecución de un programa. Estas estructuras determinan:

> Qué instrucciones se ejecutarán

> En qué orden y bajo qué condiciones, lo que ayuda a tomar decisiones dentro del código

Para comprender mejor estas estructuras imagina que estás dando instrucciones a un robot para hacer las tareas en tu casa. Las estructuras de control en Java son como las directrices que le das a este robot para que sepa qué hacer, cuándo hacerlo y bajo qué circunstancias debe actuar. A continuación, te mostramos cómo sería:

➲ **Qué instrucciones se ejecutarán.** Siguiendo con el ejemplo, aquí le estás diciendo al robot qué acciones debe realizar. Por ejemplo, "barre el piso", "cocina la cena" o "limpia la mesa". En Java, estas instrucciones son como las líneas de código que le dices al programa para que realice tareas específicas, como imprimir un mensaje en la pantalla o calcular un número.

○ **En qué orden y bajo qué condiciones.** Esto sería como decirle al robot el orden en el que debe hacer las cosas y bajo qué circunstancias debe actuar de una manera u otra. Por ejemplo, podrías decirle al robot: "si hay platos sucios, lávalos; si no, no pasa a limpiar el piso". En Java, estas son las estructuras como "if", "else", "White", "for", que permiten al programa tomar decisiones basadas en ciertas condiciones. Por ejemplo, "si una variable es mayor que 10, haz una cosa; de lo contrario, haz otra".

6.1. Tipos de estructuras de control

Existen tres **tipos principales de estructuras de control.** Estas son:

---

1. Estructuras de control de selección o condicionales

Estas estructuras permiten ejecutar ciertas instrucciones basadas en condiciones lógicas.

---

2. Estructuras de control iterativas o bucles

Estas estructuras permiten ejecutar un bloque de código repetidamente mientras se cumple una condición específica.

---

3. Estructuras de control de salto

Estas estructuras permiten alterar el flujo normal de ejecución de un programa.

Estructuras de control de selección o condicionales

Las **estructuras de control de selección o condicionales** permiten la ejecución de algunas instrucciones basadas en condiciones lógicas, se reconocen por la expresión **if-else.**

If-else

Es una estructura que evalúa una condición y ejecuta un bloque de código si la condición es verdadera (if), o ejecuta otro bloque de código si la condición es falsa (else).

```
int edad = 18;
if(edad >= 18) {
   System.out.println("Eres mayor de edad");
} else {
   System.out.println("Eres menor de edad");
}
```

Switch-case

Otro tipo de estructura de control es **switch-case.** Se utiliza para seleccionar una de las múltiples opciones basadas en el valor de una expresión.

```
int opcion = 2;
switch(opcion) {
   case 1:
      System.out.println("Opción 1 seleccionada");
      break;
   case 2:
      System.out.println("Opción 2 seleccionada");
      break;
   default:
      System.out.println("Opción no reconocida");
      break;
}
```

A continuación, se van a utilizar estructuras de control de selección para ser comprendidos a través de casos prácticos. La idea es ilustrar cómo se pueden utilizar las estructuras de control de selección **if-else** y **switch-case** en situaciones reales para que sea posible tomar decisiones basadas en condiciones lógicas o valores específicos.

➲ **Ejemplo de aplicación de if-else.** Vamos a imaginar que estás construyendo un sistema para determinar si unos estudiantes han aprobado o no un examen, para ello, presta atención a todos los detalles de la estructura de control de selección.

```java
int puntaje = 75;
if(puntaje >= 60) {
   System.out.println("¡Felicidades! Has aprobado el .
   examen.");
} else {
   System.out.println("Lo siento, necesitas mejorar tu
   puntaje para aprobar.");
}
```

En este caso, el código evalúa la puntuación obtenida en un examen y muestra un mensaje diferente dependiendo de si el puntaje es igual o mayor a 60, lo que supondría un aprobado, o menos que 60 que implicaría un no aprobado o suspenso.

➲ **Ejemplo de aplicación de switch-case.** Ahora visualiza el momento en el que estás construyendo un programa para un videojuego. Este videojuego permite que los usuarios puedan elegir entre diferentes tipos de personajes.

```java
int opcion = 2;
switch(opcion) {
   case 1:
     System.out.println("Has seleccionado al mago.");
     break;
   case 2:
     System.out.println("Has seleccionado al guerrero.");
     break;
```

Continúa en página siguiente >>

<< Viene de página anterior

```
    case 3:
     System.out.println("Has seleccionado al arquero.");
     break;
    default:
     System.out.println("Opción no reconocida, elige
nuevamente.");
     break;
}
```

En este ejemplo, tu programa muestra un mensaje diferente según la opción seleccionada por el usuario. Si la opción no coincide con ninguna de las opciones del *switch,* se muestra un mensaje predeterminado utilizando *default.*

Estructuras de control iterativas o bucles

Las estructuras de control iterativas o de bucles permiten ejecutar un bloque de código repetidamente mientras se cumpla una condición específica.

Seguidamente, se va a mostrar la utilidad de cada una de estas estructuras llamadas **estructuras de control iterativas o bucles:**

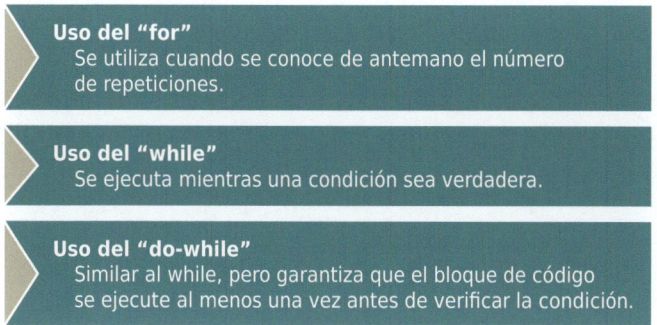

Uso del "for"
Se utiliza cuando se conoce de antemano el número de repeticiones.

Uso del "while"
Se ejecuta mientras una condición sea verdadera.

Uso del "do-while"
Similar al while, pero garantiza que el bloque de código se ejecute al menos una vez antes de verificar la condición.

Cada una de las estructuras de control iterativas o bucle se representan de forma diferente:

```
Representación del "for".
for(int i = 0; i & lt; 5; i++) {
    System.out.println("Iteración " + i);
}
Representación del "while".
int contador = 0;
while(contador & lt; 3) {
    System.out.println("Contador: " + contador);
    contador++;
}
Representación del "do-while".
int x = 5;
do {
    System.out.println("x es: " + x);
    x--;
} while(x > 0);
```

Los siguientes ejemplos ilustran cómo se utilizan las estructuras de control en situaciones habituales para controlar el flujo de ejecución en programas reales:

1. **Ejemplo de aplicación bucle "for".** Supón que estás desarrollando un juego de cartas y quieres mostrar estas de la mano de un jugador.

```
String[] manoDeJugador = {
    "As",
    "Rey",
    "Reina",
    "Jota",
    "Diez"
};
for(int i = 0; i & lt; 5; i++) {
    System.out.println("Carta " + (i + 1) + ": " +
manoDeJugador[i]);
}
```

En este caso, el bucle for recorre el arreglo manoDeJugador e imprime cada carta junto con su posición en la mano del jugador.

2. **Ejemplo de aplicación bucle "while".** Ahora imagina que, a través de un programa, estás simulando el comportamiento de un semáforo que cambia de color.

```java
int tiempo = 0;
   while(tiempo & lt; 10) {
     if(tiempo % 2 == 0) {
         System.out.println("Luz Roja");
     } else {
         System.out.println("Luz Verde");
     }
     tiempo++;
}
```

En este ejemplo, el bucle while simula un semáforo. Muestra alternativamente luces rojas y verdes durante 10 iteraciones del bucle, usando la variable tiempo para controlar la duración.

3. **Ejemplo de aplicación bucle "do-while".** Finalmente, imagina que estás creando un contador regresivo para un lanzamiento de cohete.

```java
int segundosParaDespegue = 5;
   do {
     System.out.println("¡Despegue en T-" +
   segundosParaDespegue + " segundos!");
     segundosParaDespegue--;
   } while(segundosParaDespegue > 0);
   System.out.println("¡Despegue!");
```

En este caso, el bucle do-while imprime el conteo regresivo para el despegue del cohete. Comienza desde 5 segundos y continúa hasta llegar a cero, momento en el que se muestra un mensaje de "¡Despegue!".

Estructuras de control de salto

Las **estructuras de control de salto** permiten alterar el flujo normal de ejecución de un programa.

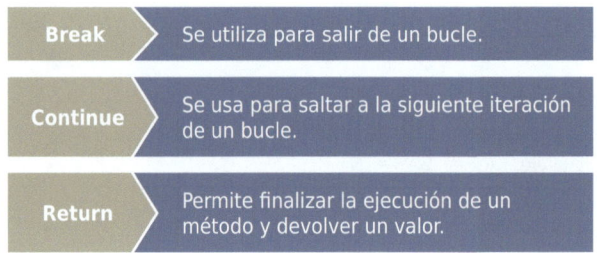

Break	Se utiliza para salir de un bucle.
Continue	Se usa para saltar a la siguiente iteración de un bucle.
Return	Permite finalizar la ejecución de un método y devolver un valor.

NOTA

Las estructuras de control de salto son fundamentales para controlar la lógica y el flujo de un programa. Esto permite la toma de decisiones y la repetición de tareas de manera controlada.

A continuación, se explican las **estructuras de control de salto** a través de la aplicación en casos prácticos:

1. **Ejemplo de aplicación de "break".** En este caso práctico, estás buscando un número específico en una matriz y pretendes conseguir salir del bucle una vez que lo hayas encontrado.

```
int[] numeros = {
        10,
        20,
        30,
        40,
        50
    };
```

Continúa en página siguiente >>

<< Viene de página anterior

```java
    for(int numero: numeros) {
        if(numero == 30) {
         System.out.println("Número encontrado: " +
    numero);
         break; // Sale del bucle una vez que se encuentra
    el número 30
        }
    }
```

En esta situación, cuando el bucle encuentra el número 30, se ejecuta el *break,* lo que significa que el bucle termina inmediatamente, aunque no haya terminado de recorrer toda la matriz.

2. **Ejemplo de aplicación de "continue".** Ahora imaginas que deseas imprimir todos los números pares de una lista, pero quieres omitir los números todos los números impares.

```java
int[] numeros = {
        1,
        2,
        3,
        4,
        5,
        6,
        7,
        8,
        9,
        10
    };
    for(int numero: numeros) {
        if(numero % 2 != 0) {
            continue; // Salta a la siguiente iteración si el
    número es impar
        }
      System.out.println("Número par: " + numero);
    }
```

En este ejemplo, cuando el número es impar (numero % 2! = 0), se ejecuta *continue*, lo que hace que salte a la siguiente iteración sin ejecutar el código restante dentro del bucle para ese número.

3. **Ejemplo de aplicación de "return".** Supón una función que suma dos números y devuelve el resultado, pero con una condición especial.

```java
public static int suma(int a, int b) {
    if(a == 0 || b == 0) {
        System.out.println("Uno de los números es
cero. La suma no se puede calcular.");
            return -1; // Devuelve -1 para indicar un error
        especial
        }
        return a + b; // Devuelve la suma de los números
}
```

En este planteamiento, si uno de los números es cero, la función muestra un mensaje y utiliza return -1 para salir de la función y devolver un valor especial indicando un error.

NOTA

No hay que olvidar que todas estas estructuras son herramientas muy poderosas que permiten controlar el flujo de un programa, facilitando decisiones y acciones específicas en situaciones particulares.

---

7. Programación orientada a objetos

☞ **HILO CONDUCTOR**

El grupo de amigos está trabajando dentro del entorno intuitivo de Eclipse, comenzando a explorar los principios de la programación orientada a objetos. Este

Continúa en página siguiente >>

<< Viene de página anterior

conocimiento les va a permitir organizar su código de manera más eficiente y modular. Ahora, en lugar de solo manipular variables y controlar estructuras, el equipo se sumerge en la creación de objetos y clases que representan entidades del mundo real, un aspecto fundamental para el proyecto que traen entre manos de Realidad Virtual.

Cuando se dice que **Java es un lenguaje de programación orientado a objetos,** conocido como *Object Oriented Programming* (OOP, acrónimo en inglés), que significa que está diseñado y estructurado en torno al concepto fundamental de "objetos". Es decir, este tipo de programación orientada a objetos es un paradigma de programación que organiza el código alrededor de entidades llamadas objetos, que combinan datos y funciones (métodos) que operan sobre esos datos.

Java es un lenguaje de programación orientado a objetos

A continuación, se explican algunos conceptos clave de la programación orientada a objetos y cómo se aplican en el lenguaje de programación de Java:

◗ **Objetos.** Un objeto es una instancia concreta de una clase. Una clase es como un plano o una plantilla que define la estructura y el comportamiento de un objeto. Por ejemplo, si se tiene una clase tipo "Coche", un objeto sería una instancia específica de esa clase, como un automóvil rojo.

- **Encapsulamiento.** Java permite el encapsulamiento. Esto significa que los datos o atributos y los métodos que operan sobre esos datos, pueden agruparse en una unidad llamada clase. El encapsulamiento ayuda a ocultar la implementación interna de un objeto y expone solo lo que es necesario para interactuar con él.
- **Herencia.** La herencia es un mecanismo que permite que una clase, llamada subclase o clase derivada, herede propiedades y comportamientos de otra clase, llamada superclase o clase base. Esto fomenta la reutilización del código y la organización jerárquica de las clases.
- **Polimorfismo.** El poliformismo permite que un objeto pueda comportarse de diferentes maneras en función del contexto. En Java, esto se puede lograr mediante la sobrecarga de métodos, es decir, mismo nombre pero diferentes parámetros y la sobrescritura de métodos o, lo que es lo mismo, nombre y firma en una clase derivada.
- **Abstracción.** La abstracción es la capacidad de representar conceptos complejos mediante modelos simplificados. En Java, las clases proporcionan una forma de abstracción al definir atributos y comportamientos esenciales sin preocuparse por los detalles internos de implementación.

En un programa Java, la mayoría de las operaciones se realizan mediante la manipulación de objetos.

 **EJEMPLO**

En el desarrollo de una aplicación de gestión de empleados podrías tener una clase "Empleado" que encapsule información como el nombre, salario y funciones como, por ejemplo, calcular el salario neto. Cada empleado individual en la aplicación sería una instancia específica de la clase "Empleado".

La orientación a objetos ayuda a organizar y estructurar el código de una manera más modular, facilitando la comprensión, el mantenimiento y la expansión de los programas a medida que crecen en complejidad. Con todo y eso, es bueno comprender que Java fomenta la reutilización del código a través de conceptos como la herencia y el polimorfismo, lo que permite que el desarrollo de *software* sea mucho más eficiente y escalable.

8. Paquetes estándar en Java

☞ HILO CONDUCTOR

Para alcanzar la excelencia en el proyecto de realidad virtual, los chicos también deben comprender la importancia de los paquetes estándar en Java. Estos paquetes proporcionan bibliotecas predefinidas y funcionalidades esenciales que facilitan el desarrollo de aplicaciones. Pronto comprenden que no necesitan reinventar la rueda, más bien, pueden aprovechar las herramientas ya disponibles en estos paquetes como java.util o java.io que le permitirá dar un paso más para mejorar la eficiencia y la funcionalidad de su código.

Los **paquetes estándar en Java** son conjuntos predefinidos de clases y recursos organizados en una estructura jerárquica. Estos paquetes proporcionan funcionalidades básicas y herramientas fundamentales para el desarrollo de aplicaciones en Java.

Algunos de los paquetes estándar más importantes están compuestos por los siguientes recursos:

java.lang
Este paquete es automáticamente importado por todos los programas en Java. Contiene clases y tipos fundamentales, como String, System, Object y tipos primitivos como int, float, etc.

java.util
Ofrece una amplia gama de utilidades y estructuras de datos, como listas (ArrayList, LinkedList), mapas (HashMap, TreeMap), colas (Queue), entre otros más. También contiene clases para manejo de fechas (Date, Calendar), manipulación de colecciones (Collections), y la clase Scanner para entrada de usuario.

java.io
Proporciona clases para operaciones de entrada/salida, como leer/escribir archivos, manejar flujos de datos, y trabajar con diferentes tipos de corrientes (InputStream, OutputStream, Reader, Writer).

Continúa en página siguiente >>

<< *Viene de página anterior*

java.net
Contiene clases para operaciones de red, como crear conexiones a través de sockets TCP/IP, trabajar con URL (URL, URLConnection), y otras utilidades relacionadas con comunicación en red.

java.awt y javax.swing
Ofrecen funcionalidades para construir interfaces gráficas de usuario (GUI). java.awt proporciona elementos básicos de GUI como ventanas, botones y paneles, mientras que javax.swing ofrece componentes más avanzados y mejorados.

NOTA

Estos paquetes estándar son parte del kit de desarrollo de Java y están disponibles para ser utilizados en cualquier programa Java sin necesidad de importarlos explícitamente, con la excepción de algunas clases que pueden necesitar ser importadas según sea necesario.

Además de estos paquetes estándar existen otros paquetes y bibliotecas adicionales tanto en el kit de desarrollo de Java como en las bibliotecas externas. Estos complementos amplían las capacidades de Java para diferentes propósitos como son:

- **El desarrollo web**
- **El procesamiento de datos**
- **La criptografía, etc.**

Estos paquetes estándar forman la base sobre la que se construyen la mayoría de las aplicaciones Java, proporcionando una infraestructura sólida y herramientas fundamentales para el desarrollo de *software*.

EJEMPLO

Imagina que el robot que realiza tareas en casa tiene diferentes compartimentos en su carrito de herramientas, y que cada compartimento tiene un conjunto específico de instrumentos para realizar ciertas tareas.

Los paquetes estándar en Java son como esos compartimentos organizados en el carrito del robot. Cada compartimento (paquete) contiene un conjunto de herramientas (clases y recursos) diseñadas para realizar tareas específicas dentro de tu programa.

El paquete **java.util** podría ser como otro compartimento que tiene herramientas adicionales que el robot usa para manejar cosas específicas, como tener una caja de herramientas separada con llaves de diferentes tamaños, alicates y martillos. En este caso, **ArrayList**, **LinkedList**, **HashMap** y otras clases en este paquete son herramientas útiles para trabajar con colecciones de datos, fechas, o entrada de usuario.

Similarmente, **java.io** podría ser otro compartimento que contiene herramientas específicas para trabajar con archivos y operaciones de entrada/salida, como tener una sección del carrito con herramientas como la linterna, la caja de herramientas especial para la electricidad, entre otros.

Estos paquetes estándar en Java proporcionan al programador un conjunto estructurado de herramientas (clases y recursos) para realizar diversas tareas, organizadas de manera lógica y accesible. Al igual que el robot encuentra fácilmente las herramientas necesarias en cada compartimento para realizar las tareas del hogar, los programadores de Java pueden acceder a las clases y funcionalidades específicas que necesitan dentro de estos paquetes estándar para desarrollar aplicaciones de manera más eficiente y estructurada.

----

9. Applets

HILO CONDUCTOR

Consciente de que la interactividad es clave para una experiencia inmersiva, Ana alienta a sus compañeros para explorar los Applets en Java. Los Applets en Java son programas muy pequeños y modulares que se ejecutan dentro de un

Continúa en página siguiente >>

[71]

<< Viene de página anterior

entorno de navegador web. Están diseñados para proporcionar funcionalidades interactivas y dinámicas en las páginas web, permitiendo a los desarrolladores incorporar aplicaciones Java directamente en ese contenido digital. Ana convence rápidamente a sus compañeros, pues saben que hay que aprovechar los beneficios que otorgan estos Applets, para proporcionar una experiencia interactiva en línea.

Los Applets son pequeñas aplicaciones Java diseñadas para ser ejecutadas dentro de un entorno de navegador web. Antes de la popularidad de las tecnologías web actuales, como JavaScript y HTML5, los Applets fueron una forma común de crear contenido interactivo en páginas web.

Estos programas en Java se insertaban en una página web y se ejecutaban en el navegador del usuario a través de un plugin especial de Java. Los Applets podían realizar diversas tareas, desde juegos simples hasta visualizaciones de gráficos interactivos o formularios dinámicos.

Existen algunas **características clave de los Applets,** estas son las siguientes:

- **Interactividad.** Podían responder a eventos del usuario, como clics de ratón o entradas de teclado, permitiendo una interacción dinámica.
- **Gráficos.** Podían utilizar la biblioteca gráfica de Java para dibujar gráficos, imágenes y animaciones dentro de la ventana del navegador.
- **Seguridad.** Se ejecutaban en un entorno llamado *desandbox* o *arenero* restringido para proteger el sistema del usuario de posibles amenazas de seguridad, ya que tenían acceso limitado a los recursos del sistema.

Sin embargo, y con el tiempo, debido a preocupaciones de seguridad, rendimiento y la evolución de las tecnologías web, los Applets han perdido popularidad.

IMPORTANTE

Los navegadores modernos han dejado de admitir los *plugins* de Java necesarios para ejecutarlos, y la mayoría de las plataformas han limitado el soporte para Applets.

- -

En la actualidad, las tecnologías web como **HTML5, CSS** y **JavaScript** han tomado el relevo para proporcionar interactividad y funcionalidades dinámicas en las páginas web. A pesar de su declive, los Applets jugaron un papel importante en la historia de la web al ser una de las primeras formas de contenido interactivo en línea y, además, contribuyeron al avance de la tecnología web.

10. Ficheros en Java

 **HILO CONDUCTOR**

En su travesía con Eclipse, el equipo formado por este grupo de amigos, se adentra en la comprensión de cómo trabajar con ficheros en Java les permitirá almacenar y recuperar datos de forma mucho más eficiente. Se dan cuenta rápidamente de que ello es fundamental para gestionar configuraciones, guardar progresos del usuario y proporcionar una experiencia más completa y personalizada en su aplicación de realidad virtual.

- -

En Java, los ficheros o archivos son unidades de almacenamiento persistentes utilizadas para guardar datos en dispositivos de almacenamiento, como discos duros, memorias USB o cualquier otro medio de almacenamiento compatible con el sistema operativo.

La manipulación de ficheros en Java se realiza a través de las clases del paquete **java.io.** Estas clases proporcionan funcionalidades para leer y escribir datos en archivos, así como para realizar operaciones como crear, borrar, mover, copiar, entre otras opciones.

Algunas de las clases estratégicas en el manejo de ficheros en Java son:

File
Esta clase representa un camino o ruta hacia un archivo o directorio en el sistema. No realiza operaciones de lectura o escritura directamente, pero proporciona métodos para obtener información sobre el archivo como su nombre, tamaño, si es un directorio o archivo, etc., y para manipular rutas de ficheros.

FileInputStream y FileOutputStream
Estas clases se utilizan para leer datos de un archivo FileInputStream o escribir datos en un archivo FileOutputStream. Permiten leer o escribir bytes en un archivo, lo que es útil para trabajar con datos binarios.

BufferedReader y BufferedWriter
Estas clases permiten leer y escribir datos de manera más eficiente utilizando búferes de memoria. Son útiles para trabajar con datos de texto, ya que proporcionan métodos para leer líneas completas de texto BufferedReader y escribir texto en archivos de manera eficiente BufferedWriter.

Scanner
Esta clase facilita la lectura de diferentes tipos de datos, como enteros, flotantes, y cadenas, desde un archivo o entrada de texto.

 **IMPORTANTE**

Los ficheros en Java son fundamentales para el manejo de datos en aplicaciones. Se utilizan para guardar configuraciones, datos de usuario, registros de actividad, información persistente, y mucho más. Pueden contener datos de texto o binarios y su manipulación es esencial para muchas aplicaciones que necesitan almacenar, procesar o recuperar información de manera persistente en el sistema de archivos.

A modo de resumen, y con el afán de contextualizar lo aprendido e introducir algunos nuevos términos, es posible entender **los fundamentos de JAVA** como los conceptos básicos y los principios que forman la base del lenguaje de programación. Los fundamentos más relevantes son los siguientes:

1. **Orientación a objetos.** Clases y objetos:

   ◍ **JAVA**

   ⇕ Java es un lenguaje de programación orientado a objetos

      ● Clases

         ↘ Una clase es una plantilla que define el comportamiento y las propiedades de los objetos y de las propiedades de los objetos.

   ◍ Los programas en Java están organizados en clases y objetos.

   ⇕ Objetos

      ● Un objeto es una instancia de una clase.

2. **Encapsulación.** La ocultación de los detalles de implementación de un objeto y solo la exposición de lo necesario. Esto se logra mediante el uso de modificaciones de acceso *(public, private, protected)*.
3. **Herencia.** Permite la creación de una nueva clase utilizando propiedades y métodos de una clase existente. La clase base se llama superclase y la nueva se llama subclase.
4. **Polimorfismo.** Capacidad de un objeto para tomar diferentes formas. En Java, esto se logra mediante la sobrecarga de métodos y la implementación de interfaces.
5. **Tipos de datos y variables:**

   ◍ **Tipos primitivos.** Como: *int, float, double, char, boolean,* etc.
   ◍ **Variables.** Se utilizan para almacenar datos. Deben declararse antes de ser utilizadas y se pueden asignar diferentes valores a lo largo del programa.

6. **Control de flujo.** Estructuras de control para controlar el flujo de ejecución del programa:
   Estructuras condicionales:

   ● "if"
   ● "else if"
   ● "else"

   Bucles

   ● "for"
   ● "while"
   ● "do-while"

7. **Métodos y funciones.** Son bloques de código que realizan una tarea específica y pueden ser llamados desde otras partes del programa. Ayudan a modularizar y organizar el código.
8. **Manejo de excepciones.** Java maneja las excepciones mediante bloques *try-catch.* Esto permite detectar y manejar errores de manera controlada.
9. **Entrada/Salida (I/O).** Java proporciona clases para realizar operaciones de entrada y salida, como leer desde el teclado (System.in) o escribir en archivos.
10. **Colecciones.** Java ofrece diversas clases en el paquete java.util para trabajar con colecciones de objetos, como listas, conjuntos y mapas.
11. **Hilos** *(Threads).* Java permite la ejecución simultánea de varias tareas mediante el uso de hilos. La clase Thread facilita la implementación de concurrencia en programas.
12. **Gestión de memoria.** Java cuenta con un recolector de basura *(Garbage Collection)* que gestiona automáticamente la memoria liberando los objetos no utilizados.
13. **Plataforma independiente.** El código Java se compila en bytecode, que se ejecuta en la JVM. Esto proporciona portabilidad, ya que el mismo *bytecode* puede ejecutarse en diferentes plataformas.

 PARA SABER MÁS

Se han resumido solo algunos de los fundamentos básicos de Java. El lenguaje también incluye conceptos avanzados y bibliotecas extensas que permiten el desarrollo de aplicaciones robustas y escalables. Para profundizar en el lenguaje de programación de Java, accede al siguiente documento escaneando el QR:

Continúa en página siguiente >>

<< Viene de página anterior

https://redirectoronline.com/ifcd990302

---

11. Casos prácticos de inteligencia artificial

 **HILO CONDUCTOR**

Mientras Marta, Carlos, Luis y Ana avanzan en su proyecto de realidad virtual, pronto se dan cuenta de que la inteligencia artificial podría llevar su experiencia a un nivel superior. Con Eclipse como su fiel compañero, exploran cómo Java, a modo de lenguaje versátil, puede ser la clave para integrar casos prácticos de IA en el desarrollo de su aplicación.

Existen numerosos casos de aplicaciones creativas e innovadoras basadas en la **inteligencia artificial (IA)** que están transformando diversas industrias. A continuación, se presentan algunos ejemplos de casos prácticos de IA para, más adelante, establecer con cada uno de ellos una relación directa con el lenguaje de programación de Java:

- **Creación de arte generativo.** La IA se utiliza para generar arte original y creativo. Desde la música generada por IA hasta la pintura y el diseño, las redes neuronales pueden aprender estilos artísticos y producir contenido único.
- **Diseño de moda y personalización.** Empresas utilizan IA para analizar tendencias, preferencias de los clientes y datos de moda históricos para diseñar ropa personalizada y predecir las próximas tendencias.
- **Agricultura inteligente.** Drones equipados con visión por el ordenador y con análisis de datos pueden monitorear cultivos, identificar plagas o enfermedades de manera temprana y optimizar la gestión de los cultivos.

- ⊃ **Generación de texto y contenido creativo.** IA como GPT-3 o versiones superiores puede generar contenido de texto, desde historias creativas hasta artículos informativos, adaptándose al estilo y tono requeridos.
- ⊃ **Salud mental.** Aplicaciones de IA ofrecen apoyo para la salud mental a través de *chatbots* terapéuticos que pueden brindar asesoramiento personalizado y recursos a personas que lo necesitan.
- ⊃ **Traducción y acceso a idiomas.** Herramientas de traducción de IA han mejorado enormemente la accesibilidad a diferentes idiomas, facilitando la comunicación y el acceso a la información en tiempo real.
- ⊃ **Diseño arquitectónico y urbanismo.** La IA se utiliza para diseñar edificios y planificar ciudades, optimizando el uso del espacio, la eficiencia energética y la movilidad urbana.
- ⊃ **Prevención del crimen.** Los sistemas de IA analizan patrones delictivos y datos históricos para predecir áreas de riesgo y ayudar a las fuerzas del orden a asignar recursos de manera más efectiva.

NOTA

Los ejemplos descritos muestran cómo la IA se está aplicando de formas cada vez más creativas e innovadoras en una variedad de campos. Desde la generación de arte hasta la optimización de la agricultura y la atención médica, la IA está transformando la forma en que abordamos los desafíos y creamos soluciones en la sociedad contemporánea.

Cualquiera de las muestras anteriores sobre aplicaciones prácticas de la inteligencia artificial en diferentes sectores productivos y de servicio pueden involucrar el uso de Java de las siguientes formas:

1. **Creación de arte generativo con Java.** Java se utiliza para desarrollar algoritmos y programas que implementan redes neuronales artificiales, por ejemplo, con bibliotecas como Deeplearning4j para entrenar modelos de IA capaces de generar música, arte visual o incluso contenido literario basado en datos de entrada.
2. **Diseño de moda y personalización con Java.** En el ámbito de la moda, Java se puede emplear para desarrollar sistemas de análisis de datos que procesen información histórica de la industria y preferencias de los clientes, generando recomendaciones personalizadas sobre estilos, colores o tendencias. Se pueden utilizar bibliotecas como Apache Spark para realizar análisis de grandes conjuntos de datos.

3. **Agricultura inteligente con Java.** Java se puede utilizar para programar *software* en drones agrícolas que empleen algoritmos de visión por ordenador usando bibliotecas como OpenCV para analizar imágenes de cultivos y tomar decisiones en tiempo real sobre plagas, enfermedades o necesidades de riego.

4. **Generación de texto y contenido creativo con Java.** Java puede integrarse con modelos de generación de texto basados en IA, como Chat-GPT, mediante el uso de APIs y librerías para interactuar con estos modelos desde aplicaciones Java, permitiendo generar contenido creativo en tiempo real.

5. **Salud mental con Java.** Java puede ser la base para desarrollar aplicaciones de *chatbots* terapéuticos que utilicen IA para brindar apoyo en la salud mental. Se pueden utilizar librerías como Java Spring para crear aplicaciones web o móviles con esta funcionalidad.

6. **Traducción y acceso a idiomas con Java.** Algunas aplicaciones Java pueden integrar APIs de traducción de IA para facilitar la comunicación en múltiples idiomas, utilizando servicios de traducción basados en IA y desarrollando interfaces de usuario para interactuar con ellos.

7. **Diseño arquitectónico y urbanismo con Java.** Java se puede emplear para desarrollar aplicaciones que utilicen algoritmos de IA para optimizar el diseño de edificios y la planificación urbana, considerando aspectos como el uso del espacio, la eficiencia energética y la movilidad.

8. **Prevención del crimen con Java.** En el campo de la seguridad pública, Java puede ser utilizado para desarrollar sistemas de análisis de datos que utilicen IA para predecir patrones delictivos y asignar recursos de manera más eficiente.

11.1. Implementar un caso práctico de realidad virtual con tecnología 5G

Java puede servir como un lenguaje de programación versátil y potente para implementar soluciones que utilicen IA en casos creativos e innovadores. Este lenguaje facilita el desarrollo de aplicaciones que van desde el arte generativo hasta la optimización urbana, aprovechando bibliotecas y herramientas disponibles en su ecosistema. Sin embargo, no se puede hablar de innovación y creatividad, sin nombrar la **realidad virtual (RV).**

DEFINICIÓN

Realidad virtual (RV)

La realidad virtual es una tecnología informática que permite a los usuarios sumergirse en un entorno completamente generado por ordenador. Este entorno puede ser tridimensional y, además, puede ser explorado e interactuado de manera similar a la realidad física. Se logra mediante el uso de dispositivos como gafas o cascos de RV que cubren la visión del usuario y a menudo van acompañados de auriculares para una experiencia auditiva inmersiva. La RV busca crear una sensación de presencia en un mundo virtual, permitiendo al usuario sentir que realmente está dentro de ese entorno.

La conjunción entre la red 5G y la realidad virtual introduce avances significativos en diversas esferas (las posibilidades del 5G y la realidad virtual y aumentada, 2024). Esta convergencia tecnología no solo disminuye la latencia y aumenta la velocidad de datos, sino que también amplía la interconexión de dispositivos, redefiniendo la experiencia de la RV y la **realidad aumentada (RA)** al eliminar barreras geográficas (Las posibilidades del 5G y la realidad virtual y aumentada, 2024).

DEFINICIÓN

Realidad aumentada (RA)

La realidad aumentada, por otro lado, superpone elemento digitales, como imágenes, sonidos o vídeos generados por ordenador en el mundo real. En lugar de crear un mundo completamente nuevo, la RA enriquece la experiencia del mundo físico al agregar capas de información digital a través de dispositivos como teléfonos inteligentes, tablets o gafas especiales. Esto permite a los usuarios ver y experimentar tanto el mundo físico como los elementos digitales al mismo tiempo, fusionando la realidad física con la virtual.

En el ámbito educativo, la tecnología 5G posibilita que los estudiantes accedan a aulas virtuales multifuncionales a través de dispositivos RV económicos (5G y realidad virtual aplicadas a la innovación educativa – Caso de éxito IE University, 2024).

Este enfoque fomenta la inmersión en el aprendizaje y facilita la creación de experiencias educativas transformadoras.

Por otro lado, en el campo de la salud, también la realidad virtual en convivencia con el 5G ofrece posibilidades verdaderamente llamativas.

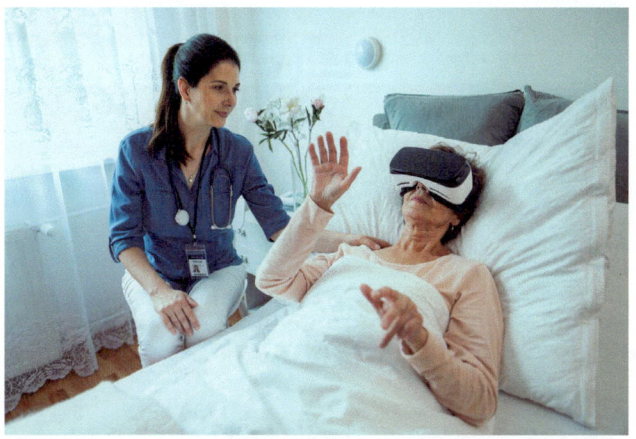

Los pacientes pueden realizar ejercicios de rehabilitación utilizando gafas de RV con conectividad 5G, accediendo a distintas salas virtuales y compartiendo experiencias con otros individuos en rehabilitación.

Finalmente, hay que destacar un caso de implementación de RV y 5G que puede servir de ejemplo de los avances en la educación superior, que es la colaboración entre Telefónica, IE University y Nokia. El proyecto colaborativo ha dado lugar a una aplicación que aprovecha la conectividad 5G para acceder a un aula virtual interactiva.

 **PARA SABER MÁS**

Descubre toda la información sobre estas innovaciones tecnologías escaneando los siguientes QR:

Las posibilidades de la 5G y la realidad virtual y aumentada.

https://redirectoronline.com/ifcd990303

5G y realidad virtual aplicadas a la innovación educativa – Caso de éxito.

https://redirectoronline.com/ifcd990304

La realidad virtual y la 5G se unen para la rehabilitación a distancia de esclerosis múltiple.

https://redirectoronline.com/ifcd990305

Continúa en página siguiente >>

<< Viene de página anterior

Telefónica pone en marcha el primer caso de 5G y realidad virtual aplicados a la enseñanza universitaria.

https://redirectoronline.com/ifcd990306

 ACTIVIDAD COMPLEMENTARIA

3. Realiza una búsqueda por internet de algún artículo sobre la 5G y su capacidad para potenciar la experiencias de realidad virtual al ofrecer una mayor velocidad de datos, menor latencia y capacidad para conectar múltiples dispositivos. ¿Qué opinas al respecto y qué nuevos avances vislumbras en el ecosistema de la RV?

11.2. Qué es la realidad virtual de bajo coste y cómo implementarla paso a paso en un proyecto en convivencia con el 5G

La **realidad virtual de bajo coste** hace referencia a la utilización de dispositivos asequibles, como las gafas o los cascos de RV que suelen ser más accesibles en términos de precio, pero aun así ofrecen experiencias inmersivas de calidad.

Estos dispositivos suelen ser más simples en comparación con soluciones de RV de gama alta, pero igualmente permiten a las personas usuarias experimentar entornos virtuales de manera totalmente satisfactoria.

Para implementar un proyecto de realidad virtual de bajo coste en convivencia con el 5G se han de considerar algunos aspectos como los siguientes:

1. **Investigación y planificación.** Se ha de comenzar definiendo los objetivos y el alcance del proyecto. Es el momento de considerar el uso de Java para el desarrollo de aplicaciones que puedan ser utilizadas en dispositivos de RV de bajo coste. Para ello, el primer paso es investigar las bibliotecas y *frameworks* de Java (marcos de trabajo) compatibles con RV.
2. **Selección de dispositivos y desarrollo en Java.** Consiste en busca dispositivos de RV de bajo coste compatibles con Java y que puedan aprovechar la conectividad 5G. Para ello, hay que explorar bibliotecas como:

   ◡ *Google VR SDK* para Java.
   ◡ *Unity* con soporte para Java, que permiten crear directamente aplicaciones de RV.

3. **Desarrollo de contenido en Java.** Llega la fase de utilizar en el entorno de desarrollo Java para crear o adaptar contenido de RV. Por tanto, hay que aprovechar todas las capacidades de Java para optimizar y adaptar el contenido a los dispositivos de RV y para la transmisión rápida de datos que ofrece el 5G.
4. **Integración con la infraestructura 5G.** Ahora, hay que considerar la integración de Java con las capacidades 5G. Esto implica trabajar con APIs y herramientas proporcionadas por proveedores de servicios con la idea de garantizar la conectividad y transmisión de datos de forma eficiente.
5. **Pruebas y ajustes en Java.** Llega el momento de realizar pruebas exhaustivas de las aplicaciones desarrolladas en Java en los dispositivos de RV de bajo coste que permitan utilizar la conectividad 5G. Esto significa realizar ajustes en el código Java para optimizar el rendimiento y, por supuesto, la experiencia del usuario.

6. **Implementación y promoción.** Una vez completadas las fases anteriores, se continúa con el proceso en su ámbito más comercial. Consiste en implementar las aplicaciones de RV desarrolladas en Java, destacando su compatibilidad con dispositivos de bajo coste y su aprovechamiento del 5G. Esto engloba la necesidad de proporcionar instrucciones claras sobre su uso y acceso.

7. **Evaluación continua y actualizaciones en Java.** Como todo proyecto asociado a la tecnología, es clave recopilar comentarios de las personas usuarias con el fin de aprovechar la información para realizar mejoras continuas en las aplicaciones Java de RV desarrolladas. Se trata de la fase en la que hay que mantener actualizado el desarrollo en Java para poder adaptar el proyecto a cambios tecnológicos y ofrecer una experiencia óptima.

 **RECUERDA**

El uso de Java en el desarrollo de aplicaciones de RV permite aprovechar la versatilidad y capacidad de este lenguaje para crear contenido interactivo y experiencias inmersivas, integrándolas eficientemente con la conectividad 5G para dispositivos de bajo coste.

11.3. Inteligencia artificial, *Big Data,* 5G y realidad virtual en entornos Java

En el desarrollo de aplicaciones en entornos Java, la interconexión de tecnologías como la **inteligencia artificial** (IA), ***big data,*** **5G** y **realidad virtual** puede generar las siguientes soluciones potentes y avanzadas:

> **Inteligencia artificial**
> Java cuenta con bibliotecas y *frameworks* robustos para la implementación de algoritmos de IA. El uso de Java en aplicaciones de IA permite una programación eficiente y escalable.

Continúa en página siguiente >>

<< Viene de página anterior

Big data
Java es ampliamente utilizado en el procesamiento de grandes volúmenes de datos. *Frameworks* como Apache Hadoop, desarrollado en Java, facilitan el procesamiento de datos masivos. La IA puede beneficiarse del *big data* para obtener patrones y realizar análisis predictivos mucho más precisos.

5G
Java se utiliza en el desarrollo de aplicaciones que pueden aprovechar al máximo la conectividad de alta velocidad proporcionada por el 5G. La combinación de Java y 5G permite la transmisión rápida de datos, fundamental para aplicaciones de IA y RV que requieren un intercambio de información fluido.

Realidad virtual
Java es compatible con entornos de desarrollo de RV, y existen *frameworks* y bibliotecas en Java diseñados específicamente para la creación de aplicaciones de RV. La integración de Java con la RV permite desarrollar experiencias interactivas y envolventes.

Son varias las razones por las que, hoy en día, cobra especial importancia la adquisición de conocimientos sobre las tecnologías disruptivas. Principalmente, se vuelve esencial en el contexto del desarrollo de aplicaciones en entornos Java por las siguientes razones:

- **Eficiencia y escalabilidad.** La combinación de Java con IA y *big data* permite el desarrollo de aplicaciones eficientes y escalables, capaces de procesar y analizar grandes cantidades de datos.
- **Conectividad avanzada.** La integración de Java con el 5G posibilita la creación de aplicaciones con una conectividad avanzada, fundamental para experiencias de usuario fluidas y para el intercambio rápido de datos en aplicaciones de IA y RV.
- **Experiencias inmersivas.** La unión de Java con la RV posibilita el desarrollo de aplicaciones que ofrecen experiencias inmersivas y envolventes.
- **Innovación empresarial.** La comprensión de estas tecnologías proporciona a los desarrolladores las herramientas necesarias para la innovación empresarial. Empresas que adoptan estas tecnologías consiguen obtener ventajas competitivas significativas.

IMPORTANTE

El conocimiento interconectado de Java, inteligencia artificial, *Big data*, 5G y realidad virtual abre oportunidades para el desarrollo de aplicaciones avanzadas y disruptivas, posicionando a los profesionales en la vanguardia de la innovación tecnológica.

VÍDEO

Escaneando el siguiente QR, accederás a un vídeo en el que se hace una introducción al desarrollo de aplicaciones de realidad aumentada utilizando la biblioteca A-Frame y JavaScript. En el tutorial se demuestra tres métodos para representar objetos en realidad aumentada: marcadores, marcadores personalizados y geometría de coordenadas. Al crear una estructura básica con entidades y entidades para objetos y cámaras, se consigue representar un modelo 3D a través de la cámara de un dispositivo móvil.

Presta atención a los requisitos previos que se nombran como HTTPS y sugiere el uso de un servidor como GitHub Pages y la función de Controles de Vista, que permite a los usuarios manipular el objeto 3D utilizando un *touchpad* o un ratón.

https://redirectoronline.com/ifcd990307

Implementar un proyecto práctico de realidad virtual haciendo uso de la conectividad 5G implica una comprensión integral de las siguientes áreas clave:

➲ **Conocimientos en realidad virtual.** Entender los principios básicos de la RV, incluidos los conceptos de inmersión, interactividad y simulación de entornos virtuales. Familiarizarse con las tecnologías y el *hardware* de RV, como gafas o cascos de realidad virtual.

◑ **Desarrollo de *software* para RV.** Tener habilidades en el desarrollo de *software* específico para RV. Esto implicaría el uso de marcos de trabajo y bibliotecas especializadas, dependiendo de la plataforma y el dispositivo de RV seleccionado.

◑ **Programación en 5G.** Comprender los principios fundamentales de la tecnología 5G, lo que implica entender la arquitectura de red, la velocidad de datos, la baja latencia y la capacidad de conexión masiva de dispositivos. Conocer cómo aprovechar estas características en el desarrollo de aplicaciones de RV.

◑ **Herramientas y *frameworks* para 5G.** Familiarizarse con herramientas y *frameworks* que permitan una correcta integración de la conectividad 5G para el desarrollo de aplicaciones de RV. Esto abarca el uso de APIs y *kits* de desarrollo proporcionados por los proveedores de servicios.

◑ **Optimización de datos.** Comprender cómo optimizar la transmisión de datos para aprovechar al máximo la velocidad y capacidad de la red 5G es crucial para garantizar una experiencia de RV fluida y sin interrupciones.

◑ **Seguridad en la conexión 5G.** Conocer los principios de seguridad asociados con la conectividad 5G y aplicar prácticas seguras en el intercambio de datos, especialmente cuando se trata de aplicaciones de RV que pueden involucrar información sensible.

◑ **Pruebas y optimización.** Estar familiarizado con las metodologías de prueba específicas para aplicaciones de RV y 5G. Estas pruebas sirven para garantizar la estabilidad y eficiencia de la aplicación en diferentes situaciones.

◑ **Experiencia del usuario.** Tener una cuenta los principios de diseño centrados en el usuario y la experiencia del usuario (UX) al desarrollar aplicaciones de RV, y asegurar de que la interfaz sea intuitiva y atractiva.

◑ **Cumplimiento normativo.** Entender y cumplir con los requisitos y regulaciones pertinentes relacionados con el desarrollo de aplicaciones de RV y el uso de la tecnología 5G.

◑ **Colaboración interdisciplinaria.** Dada la complejidad de integrar la RV y el 5G, es beneficioso contar con una colaboración interdisciplinaria. Esto significa, tener apertura para trabajar con personas expertas en RV, programadores 5G, diseñadores de experiencia del usuario y otros profesionales relevantes puede mejorar la calidad del proyecto.

NOTA

Al tener un conocimiento profundo en estas áreas, o contar con profesionales especialistas, se puede abordar de manera efectiva la implementación de un proyecto práctico de realidad virtual utilizando la conectividad 5G, pudiendo demostrar una correcta aplicación de las tecnologías y herramientas asociadas en un entorno real.

El mundo de las telecomunicaciones 5G y el despliegue eficiente de aplicaciones es esencial para garantizar la transmisión y el procesamiento de datos en tiempo real. Java, con su versatilidad y portabilidad, se presenta como una herramienta valiosa para abordar estos grandes desafíos. En este contexto, se sugiere aplicar, de manera responsable, las distintas herramientas de trabajo en Java en tres campos fundamentales. Estos son:

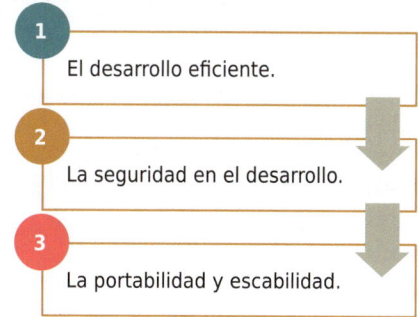

1. El desarrollo eficiente.
2. La seguridad en el desarrollo.
3. La portabilidad y escabilidad.

EJEMPLO

A la hora de llevar a cabo un proyecto de desarrollo *software* de gran envergadura, donde intervienen diferentes operadores 5G, se han de aplicar distintas herramientas Java.

Desarrollo eficiente

Para optimizar la eficiencia en la transmisión y procesamiento de datos, es posible utilizar la plataforma Java EE *(Enterprise Edition)*. Esta plataforma ofrece las

Continúa en página siguiente >>

<< Viene de página anterior

herramientas necesarias para desarrollar servicios robustos que pueden manejar múltiples conexiones simultáneas de dispositivos 5G. La implementación de la Java Concurrency API permitirá gestionar operaciones concurrentes, asegurando un desarrollo eficiente y sin interrupciones.

Seguridad en el Desarrollo

En cuanto a la seguridad, esta ha de ser una prioridad en entornos 5G. Es posible aplicar buenas prácticas de codificación segura y aprovechar los *frameworks* de seguridad de Java. Con ello, es posible prevenir amenazas comunes. Con todo y eso, se pueden implementar técnicas de cifrado para proteger la integridad y confidencialidad de los datos transmitidos, asegurando así la privacidad y seguridad de la red.

Portabilidad y escalabilidad

La portabilidad entre diferentes operadores 5G es algo prioritario. Para lograr esto, hay que desarrollar aplicaciones Java utilizando estándares abiertos para evitar dependencias relativas a la propiedad. La **contenerización** (uso de contenedores para empaquetar y distribuir aplicaciones junto con todas sus dependencias y configuraciones necesarias) con herramientas como Docker facilitará la implementación y escalabilidad de las aplicaciones en entornos dinámicos 5G, permitiendo que las soluciones desarrolladas se adapten fácilmente a las diferentes configuraciones de los operadores.

La aplicación responsable de herramientas Java en operadores 5G no solo implica desarrollar soluciones eficientes, seguras y portátiles, sino también adaptarse a un entorno en constante cambio.

 TAREA 3

Estás trabajando como profesional de la ingeniería de *software* en una empresa de telecomunicaciones que está implementando tecnologías 5G. La empresa ha decidido migrar parte de su infraestructura a aplicaciones Java para aprovechar la flexibilidad y la portabilidad que ofrece este lenguaje de programación. Se te ha asignado la tarea de aplicar, de manera responsable, las distintas herramientas de trabajo Java en diferentes operadores del 5G.

Continúa en página siguiente >>

<< Viene de página anterior

Tu empresa se enfrenta a desafíos en cuanto a la gestión y al procesamiento eficiente de datos en tiempo real a medida que se expande su red 5G. Además, se busca garantizar la seguridad y la estabilidad de las aplicaciones en un entorno de alta demanda y concurrencia.

Los objetivos que se persiguen son varios en diferentes áreas. Teniendo en cuenta los objetivos propuestos en cada una de las tres áreas (desarrollo eficiente, la seguridad, y la portabilidad y escalabilidad) ¿Qué medidas se pueden implementar para aplicar de forma eficiente las herramientas de programación Java a fin de poder ser utilizadas para el desarrollo de aplicaciones con tecnologías asociadas? Indica las medidas propuestas y ofrece un razonamiento lógico.

Los objetivos son:

Desarrollo eficiente

Implementar un sistema de gestión de datos en tiempo real utilizando herramientas Java para optimizar la eficiencia en la transmisión y procesamiento de datos en la red 5G.

Utilizar conceptos de concurrencia y paralelismo para gestionar múltiples conexiones simultáneas de dispositivos 5G.

Seguridad

Aplicar prácticas de seguridad en el desarrollo, como la gestión segura de datos sensibles y la prevención de vulnerabilidades conocidas en entornos Java.

Portabilidad y escalabilidad

Garantizar la portabilidad de las aplicaciones Java entre diferentes operadores 5G, independientemente de la infraestructura subyacente.

Diseñar la arquitectura de *software* de manera que permita escalabilidad para manejar un crecimiento futuro en la demanda de servicios 5G.

El lenguaje de programación Java es fundamental para el desarrollo de aplicaciones dentro del contexto de las redes 5G, especialmente en proyectos basados en inteligencia artificial y en tecnologías de realidad virtual.

Dominar Java en el paradigma tecnológico actual es esencial para maximizar el potencial de las herramientas de desarrollo en proyectos 5G. Esto permite fomentar la innovación en ayudados de la inteligencia artificial y realidad virtual como tecnologías disruptivas con un desarrollo exponencial. Tomar conciencia sobre la importancia de este lenguaje de desarrollo de aplicaciones radica principalmente en su versatilidad, seguridad y capacidad para abordar los desafíos tecnológicos de las próximas generaciones de redes móviles.

12. Resumen

El lenguaje de programación Java es fundamental para el desarrollo de aplicaciones dentro del contexto de las redes 5G, especialmente en proyectos basados en inteligencia artificial y en tecnologías de realidad virtual.

Dominar Java en el paradigma tecnológico actual es esencial para maximizar el potencial de las herramientas de desarrollo en proyectos 5G. Esto permite fomentar la innovación en ayudados de la inteligencia artificial y realidad virtual como tecnologías disruptivas con un desarrollo exponencial. Tomar conciencia sobre la importancia de este lenguaje de desarrollo de aplicaciones radica principalmente en su versatilidad, seguridad y capacidad para abordar los desafíos tecnológicos de las próximas generaciones de redes móviles.

Algunos aspectos clave de este lenguaje de programación son:

- **Portabilidad y plataformas múltiples.** Java es conocido por su capacidad de ser ejecutado en diversas plataformas, lo que facilita la implementación de aplicaciones 5G en entornos heterogéneos.
- **Seguridad.** Java ofrece un entorno seguro mediante su máquina virtual (JVM), lo que es esencial para proteger las aplicaciones 5G que manejan datos sensibles y operan en redes complejas.
- **Desarrollo ágil.** La sintaxis simple de Java y su soporte para programación orientada a objetos permiten un desarrollo ágil y eficiente, acelerando la implementación de proyectos 5G.
- **Herramientas de desarrollo.** El ecosistema de herramientas de desarrollo Java, como Eclipse, facilita la creación y mantenimiento de aplicaciones 5G de manera eficaz.
- **Librerías y *frameworks.*** Java cuenta con librerías y *frameworks* robustos para IA y RV, como TensorFlow y Java 3D, que simplifican la implementación de funcionalidades avanzadas en proyectos 5G.

⮑ **Eficiencia en redes.** La gestión eficiente de recursos y la optimización
en la manipulación de datos, hacen que Java sea un lenguaje de programación adecuado para operadores de redes 5G, contribuyendo a un
rendimiento óptimo.

Ejercicios de autoevaluación
Unidad de Aprendizaje 1

1. Indica si las siguientes afirmaciones son verdaderas o falsas:

a. Java es un lenguaje de programación de alto nivel orientado a objetos y multiplataformas desarrollado por Sun Microsystems a principios de los años 70.

- ■ Verdadero
- ■ Falso

b. De forma metafórica, hay que pensar en Java como un conjunto de herramientas que permiten construir todo tipo de cosas para diferentes lugares, desde simples juguetes hasta grandes edificios.

- ■ Verdadero
- ■ Falso

c. Aunque los lenguajes de programación más comunes empleados para estos entornos son C, C++, Python o Fortran debido a su eficiencia y capacidad de optimización para tareas intensivas en cómputo, es posible utilizar herramientas de Java para llevar a cabo este propósito.

- ■ Verdadero
- ■ Falso

2. ¿Cuál es la función del Motor de Ejecución en la Plataforma Java?

a. Convertir el código escrito en instrucciones comprensibles para el equipo.
b. Proporcionar soluciones predefinidas para problemas comunes
c. Ejecutar programas Java.
d. Traducir el código fuente a *bytecode*.

3. ¿Cuál es uno de los logros más destacados de Java en términos de ejecución de programas en diferentes plataformas?

a. Utiliza un sistema de gestión automática de memoria.
b. Se organiza en clases y objetos.

c. Cuenta con un entorno controlado para la ejecución del código.

d. Ejecuta en múltiples plataformas sin necesidad de modificaciones.

4. ¿Cuál es uno de los principales factores que contribuyen a la popularidad de Java en el desarrollo de aplicaciones móviles?

a. Su utilización en sistemas embebidos.

b. La existencia de una amplia comunidad de desarrolladores.

c. Su uso en el desarrollo de aplicaciones empresariales.

d. Ser el lenguaje principal para el desarrollo en la plataforma Android.

5. ¿Cuál es el propósito del compilador de Java en el proceso de ejecución de programas escritos en este lenguaje?

a. Convertir el *bytecode* en un código de máquina.

b. Crear un código intermedio llamado *bytecode*.

c. Ejecutar directamente el código fuente.

d. Interpretar el código fuente en tiempo real.

6. ¿Cuáles son los tres elementos principales integrados por un entorno de desarrollo integrado (IDE) para facilitar el desarrollo de *software*?

a. Un sistema operativo, un compilador y un depurador.

b. Un editor de código fuente, un compilador y una Máquina Virtual de Java (JVM).

c. Un editor de código fuente, herramientas de compilación y herramientas de depuración.

d. Una máquina virtual de Java (JVM), un sistema operativo y herramientas de compilación.

7. ¿Cuál es la función principal de las herramientas de compilación en el desarrollo de *software*?

a. Facilitar la creación y edición del código fuente.

b. Transformar el código fuente en un formato ejecutable para la máquina o para el entorno de ejecución.

    c. Identificar y corregir errores en el código fuente.

    d. Proporcionar funciones como el resaltado de sintaxis, el auto-completado y el plegado de código.

8. ¿Cuál es la tarea principal de la máquina virtual de Java en el proceso de ejecución de programas escritos en Java?

    a. Escribir código en lenguaje de programación de Java.

    b. Compilar programas Java.

    c. Depurar programas en Java.

    d. Traducir *bytecode* a un lenguaje ejecutable por el ordenador.

9. ¿Cuál es la secuencia correcta de comandos para compilar y ejecutar un programa Java desde el terminal, según el ejemplo proporcionado?

    a. `java MiPrograma´ y luego `javac MiPrograma.java´.

    b. `javac MiPrograma.java´ y luego `java MiPrograma´.

    c. `MiPrograma.java´ y luego `java javac MiPrograma´.

    d. `javac MiPrograma.class´ y luego `java MiPrograma´.

10. ¿Cuál es la función principal del cargador de clases en la máquina virtual de Java (JVM)?

    a. Inicializar variables locales.

    b. Ejecutar código nativo vinculado a bibliotecas externas.

    c. Cargar archivos de clases y llevar a cabo funciones de carga, vinculación e inicialización.

    d. Almacenar objetos y sus datos compartidos entre hilos.

Glosario

API (interfaz de programación de aplicaciones)
Conjunto de herramientas y reglas que permite a *software* interactuar con otros.

Arreglos
Estructuras de datos que almacenan elementos del mismo tipo en posiciones contiguas de memoria.

C#
Lenguaje de programación desarrollado por Microsoft, orientado a objetos y diseñado para aplicaciones .NET.

C++
Lenguaje de programación de propósito general, derivado de C, que soporta programación orientada a objetos.

Colecciones
Estructuras de datos en Java que almacenan y manipulan conjuntos de elementos.

Compilación
Proceso de traducir el código fuente a un lenguaje intermedio o código máquina.

Constructores
Métodos especiales para inicializar objetos cuando se crean.

Encapsulamiento
Principio de programación orientada a objetos que oculta los detalles internos de una clase y expone solo lo necesario.

Excepciones
Situaciones inesperadas que interrumpen el flujo normal de ejecución de un programa.

Eclipse
IDE popular para el desarrollo en Java.

Hilos *(threads)*
Secuencias independientes de ejecución que permiten realizar múltiples tareas simultáneamente.

Herencia
Mecanismo en programación orientada a objetos que permite que una clase herede propiedades y comportamientos de otra.

IDE (entorno de desarrollo integrado)
Herramienta que facilita el desarrollo de *software* al proporcionar funciones como edición, depuración y compilación en un solo entorno.

Inteligencia artificial (IA)
Campo de la informática que busca desarrollar sistemas capaces de realizar tareas que requieren inteligencia humana.

Java
Lenguaje de programación de alto nivel, orientado a objetos y portable.

JavaFX
Biblioteca gráfica de Java para el desarrollo de interfaces de usuario.

JVM (Máquina Virtual de Java)
Entorno de ejecución que permite correr aplicaciones Java en cualquier plataforma.

Método
Bloque de código que realiza una tarea específica y puede ser llamado desde otros lugares del programa.

Operadores
Símbolos que realizan operaciones en variables y valores.

Paquetes
Mecanismo de organización del código en Java mediante la agrupación de clases relacionadas.

Patrones de diseño
Soluciones generales para problemas comunes en el diseño de software.

Polimorfismo
Capacidad de objetos de diferentes clases para ser tratados de manera uniforme.

Realidad aumentada
Integración de elementos virtuales en el mundo real a través de dispositivos tecnológicos.

Realidad mixta
Fusión de la realidad virtual y la realidad aumentada, combinando elementos virtuales con el entorno real.

Realidad virtual
Entorno simulado generado por computadora que crea una experiencia inmersiva.

Sintaxis
Conjunto de reglas que definen la combinación correcta de símbolos en un lenguaje de programación.

Sobrecarga de métodos
Definir múltiples métodos con el mismo nombre pero con diferentes parámetros.

Swing
Biblioteca gráfica de Java para la creación de interfaces de usuario.

Variables y tipos de datos
Espacios de almacenamiento para valores y los diferentes tipos de datos que pueden contener.

Visual Studio
Entorno de desarrollo integrado desarrollado por Microsoft para múltiples lenguajes de programación, incluyendo C#.

Bibliografía

→ HUGUET, R. P.: *Programación en Java. IFCD052PO.* Antequera: IC Editorial, 2023.

> Libro cuyo contenido se centra en la programación en el lenguaje Java. Cubre aspectos fundamentales y avanzados de la programación utilizando Java como herramienta principal.

→ LADRÓN de Guevara, J.: *Fundamentos de programación en Java.* Independently Published, 2020.

> Trabajo fin de carrera en el que se explican con detalle las características del lenguaje de programación.

→ MESA Casado, M.: *Desarrollo de aplicaciones con Java. IFCT034PO.* Anequera: IC Editorial, 2022.

> Libro que se enfoca en el desarrollo de aplicaciones utilizando el lenguaje de programación Java, abordando tanto conceptos básicos como son técnicas avanzadas de desarrollo de software dentro del contexto de aplicaciones Java.

Textos electrónicos

→ Administrador. *Los avances en la realidad virtual y aumentada: una nueva era en la tecnología.* Corporación Informática, de: <https://corporacioninformatica.com/los-avances-en-la-realidad-virtual-y-aumentada/>.

> Artículo que destaca los avances en tecnología de realidad virtual y aumentada, explorando su impacto en la era actual.

→ AGUILAR, R. *(Telefónica pone en marcha el primer caso de 5G y realidad virtual aplicados a la enseñanza universitaria.* Xataka Móvil, de: <https://www.xatakamovil.com/movistar/telefonica-pone-marcha-primer-caso-5g-realidad-virtual-aplicados-a-ensenanza-universitaria>.

> Artículo que detalla la implementación de 5G y realidad virtual a nivel de educación universitaria, liderado por Telefónica.

→ Albertogarciagarcimartin: *5G y realidad virtual aplicadas a la innovación educativa*. Telefónica Empresas, de: <https://www.telefonicaempresas.es/grandes-empresas/sobre-telefonica-empresas/casos-de-exito/5g-y-realidad-virtual-en-ie-university>.

> Artículo que explora cómo la combinación de 5G y realidad virtual contribuye a la innovación educativa, centrándose en el caso de IE University.

→ ALONSO, S. M., Alonso, S. M., & Alonso, S. M.: La realidad virtual y el 5G se unen para la rehabilitación a distancia de esclerosis múltiple. *Cinco Días,* de: <https://cincodias.elpais.com/cincodias/2022/10/05/companias/1664993541_160136.html>.

> Artículo que describe cómo la realidad virtual y el 5G se utilizan para la rehabilitación remota de personas con esclerosis múltiple.

→ Bridge@. *Nuevos avances tecnológicos en realidad virtual (2022) - Sirius*. Sirius, de: <https://siriuspr.com/nuevos-avances-tecnologicos-en-realidad-virtual-2022/>.

> Presentación de los últimos avances tecnológicos en el campo de la realidad virtual fechados para el año 2022.

→ GAGO, B. M., & Chavarri, G.: *Las posibilidades del 5G en el universo de la realidad virtual y aumentada,* de: <https://blogthinkbig.com/las-posibilidades-del-5g-y-la-realidad-virtual-y-aumentada>.

> Artículo que explora las oportunidades que la red 5G ofrece en el ámbito de la realidad virtual y aumentada.

→ HARTMAN, J.: *How to Download & Install Java JDK 8 in Windows 10 (64-bit)*. Guru99 de: <https://www.guru99.com/es/install-java.html>.

> Guía práctica sobre cómo descargar e instalar Java JDK 8 en sistemas Windows 10 de 64 bits.

→ LLAMAS, L.: *Qué es la indentación de código*. Luis Llamas, de: <https://www.luisllamas.es/programacion-indentacion/>.

> Artículo que aborda la importancia de la indentación de código en la programación y cómo se implementa.

→ Morgana. *El 5G y el futuro de la realidad aumentada y la realidad virtual*. Morgana Studios, de: <https://morganastudios.com/es/tecnologia-inmersiva/5g-futuro-realidad-aumentada-realidad-virtual-tecnologia-inmersiva/>.

> Discusión sobre el papel de la red 5G en el desarrollo futuro de la realidad aumentada y virtual.

→ *Oracle JDK 21 Certified System Configurations*. (s. f.), de: <https://www.oracle.com/java/technologies/javase/products-doc-jdk21certconfig.html>.

Información sobre las configuraciones de sistema certificadas para Oracle JDK 21.

→ Programación en español: *Tutorial: Realidad aumentada con JavaScript* [Vídeo]. YouTube, de: <https://www.youtube.com/watch?v=6KBfHiDl-bs>.

Tutorial en formato de video que aborda la creación de realidad aumentada utilizando JavaScript.

→ *Software Java*. (s. f.). Oracle España, de: < https://www.oracle.com/es/java/>.

Enlace a la página oficial de Oracle España que proporciona información sobre el *software* Java.

→ *The Community for Open Collaboration and Innovation | The Eclipse Foundation*. (s. f.). Eclipse Foundation, de: <https://www.eclipse.org/>.

Enlace a la comunidad de colaboración e innovación abierta, la Eclipse Foundation, fundamental en el desarrollo de *software*.

→ WEISHEIM, R., & WEISHEIM, R. (2023, 15 febrero). *Los 17 mejores editores de código*. Tutoriales Hostinger, de:
<https://www.hostinger.es/tutoriales/editores-de-codigo#4_Notepad>.

Artículo que destaca los 17 mejores editores de código, proporcionando información útil para desarrolladores.